体验阅读系列◆体验历史

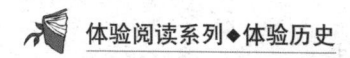

穿行在历史丛林中

◎总 主 编：张忠义
◎本书主编：鲁修勤

花山文艺出版社

图书在版编目(CIP)数据

穿行在历史丛林中:体验历史/鲁修勤主编. - 石家庄:花山文艺出版社,2005.4(2021.5 重印)
("读·品·悟"体验阅读系列/张忠义主编)
ISBN 978-7-80673-576-3

Ⅰ.①穿... Ⅱ.①鲁... Ⅲ.①语文课—课外读物 Ⅳ.①G634.303

中国版本图书馆 CIP 数据核字(2005)第 020935 号

丛 书 名:	体验阅读系列
总 主 编:	张忠义
书 名:	穿行在历史丛林中(体验历史)
主 编:	鲁修勤
策 划:	张采鑫
责任编辑:	于怀新
特约编辑:	李文生
责任校对:	李 鸥
全案设计:	北京九洲鼎图书有限公司
出版发行:	花山文艺出版社(邮政编码:050061)
	(河北省石家庄市友谊北大街 330 号)
销售热线:	0311-88643221
传 真:	0311-88643234
印 刷:	永清县晔盛亚胶印有限公司
经 销:	新华书店
开 本:	710×1000 1/16
印 张:	10
字 数:	180 千字
版 次:	2005 年 4 月第 1 版
	2021 年 5 月第 4 次印刷
书 号:	ISBN 978-7-80673-576-3
定 价:	35.00 元

(版权所有 翻印必究·印装有误 负责调换)

目 录

上帝的神秘作坊

程盈盈	柏林墙：泪与笑凝成的故事(3)
王 霄 编译	他放走了希特勒(8)
张志东	百年黄埔(12)
杜树林	"俄罗斯大地辽阔，可我们已无退路……"(19)
佚 名	圣诞夜休战(21)
王晓明	谁剥去了将军的衣服(22)
[德]海因利希·伯尔	只要你想就能做到(25)

历史的铿锵足音

[英]麦卡西	致命的延误(31)
[奥地利]斯蒂芬·茨威格	滑铁卢之战(34)
周 执	没有金牌的第一届奥运会(40)
佚 名	百年灾难(42)
司马光	淝水之战(46)

《左传》·················· 晋楚城濮之战(50)
艾 青·················· 鱼化石(51)

凝望与解读

祝 勇·················· 走进一个人(55)
李松涛················· 岳飞(60)
庄礼伟················· 解读尼克松(62)
梁 衡················· 最后一位戴罪的功臣(67)
高洪波················· 沉船(73)
郑 勇················· 凝望蔡元培(75)
兴 雨················· 文天祥的幸与不幸(78)
梁 衡················· 读韩愈(80)
余秋雨················· 苏东坡突围(84)
[美]房 龙··············· 布鲁诺(88)

划过天宇的流星

[英]温斯顿·丘吉尔·········· 我的早年生活(95)
佚 名················· 伟人垂暮(97)
张 涝················· "愚者"章太炎(102)
[奥地利]梅特涅············ 历史上最伟大的人物之一(104)
[法]罗曼·罗兰············ 米开朗琪罗传(107)
[法]艾芙·居里············ 居里夫人传(110)
廖静文················· 徐悲鸿小传(115)
司马迁················· 荆轲列传(117)
班 固················· 苏武传(122)
班 固················· 朱买臣传(125)

阅读历史

张晓惠 …………………………………… 哭泣的圆明园(129)
[波兰]埃·姆·罗森塔尔 ………… 奥斯威辛没有什么新闻(131)
禾　子 …………………………………… 废墟的印象(133)
王和声 …………………………………… 圆明园残简(136)
刘成章 …………………………………………… 读碑(139)
宗　璞 …………………………………… 写故事人的故事(141)
尧山壁 …………………………………… 屠格涅夫故园(144)
邵燕祥 …………………………………… 斯大林格勒站(147)
金喜英 …………………………………………… 走进周庄(149)
涂冰川 ………… 黑海海底发现7000年前人类居住遗址(152)

一

历史是上帝的神秘作坊。它冷漠枯燥地记录着一件又一件琐碎平淡的事情；然而，在某个时刻，这个作坊又会爆发出最富想像力的即兴之作……

上帝的神秘作坊

1989年11月9日，东德宣布开放整个柏林墙。一时间，德国人疯狂地涌向柏林墙。两德的居民拥抱在一起，哭泣在一起。我首次看见德国人这样失控。人那么多，有的奏起音乐，于是人们一起跳舞，欢歌，欢呼和笑声响彻云霄。仅仅片刻之后，也许，不知道是谁，为了什么，忽然哭泣起来；也许，正为了28年以前送别自己的父母，永远不能再回到柏林墙，再告诉自己一次，"你要坚强地活下去"。

——《柏林墙：泪与笑凝成的故事》

柏林墙：泪与笑凝成的故事

◆程盈盈

> 这些最早的翻越柏林墙的逃亡者，也许就定下了逃亡柏林墙故事的基调。

1961年8月12日凌晨1点，一个沉闷的夏日。两万多军队突然开到东西柏林边境，立刻开始了修筑柏林墙的工程。仅仅到13日凌晨，第一期工程就全部完了，整个东西柏林被铁丝网全部分割，再加路障。柏林墙正式树立起来。

历史记载，柏林墙初步完成，即东西柏林正式分割，在13日中午12点37分，以最后一个路口宣布封锁为标志。但就在13日，最早明白过来的东德人已经开始翻越柏林墙，当天，一位技工跨过正在树立的铁丝网跳进了西柏林，有人跳进运河游到了西柏林。

这些最早的翻越柏林墙的逃亡者，也许就定下了逃亡柏林墙故事的基调。

一、笑 篇

要说最可爱的逃亡者，颇有几个竞争者，首先是两位大情圣，一个是阿根廷人，一个是澳大利亚人。大家看看他们逃亡的手段就可以知道，也就是他们能做出来，死脑筋的德国人就是再有几百万人逃亡，也做不出这么幽默的计划来。

柏林墙并不是铁板一块，总有那么几个门，几个交通站。于是情人被困在东柏林的两位就打起了交通站的主意。经调查研究，交通站是靠栏杆来封锁交通的，虽然栏杆结实，撞不断，但是栏杆比较高，如果汽车足够矮，可以从栏杆底下直接钻过去。

于是计划诞生了，把自己的亲爱的放在行李箱里，趁警察不注意，开足马力，一下从栏杆下面钻到西柏林就行了。

说干就干，澳大利亚人就这么把自己的新娘子接到了西柏林。

如果故事到此为止，那就不存在什么幽默了。但是这时候，阿根廷人出场了，他充分表现了南美人热血沸腾，但不爱动脑子的特点，他认为这个计划不错，决定自己也照办。所谓照办，真的是照办，他居然连车子都是直接找澳大利亚人借的同一辆车！说起来也是，这么矮的车本来就不好找。问题是，他一点儿伪装都没有做，连车牌都不换,就这么开了去。

阿根廷人开着这辆已经被报纸报道得详细得不能再详细的车,大摇大摆开进东柏林。

东德警察一看,这车怎么这么眼熟,但是谁也猜不到天下真有这么大胆的人。警察问:"这车,以前是不是来过东德?"阿根廷人脸不红心不跳地回答:"当然没有啦。"警察自己也糊涂了,大手一挥,放行了!

结果是,在一个星期以后,同一辆车,把另一对情侣,用同样的方式带到了西柏林。

在他们举行婚礼之际,悲愤的东德警察在栏杆下面装了无数垂直的铁条,别说是车,就是条蛇也休想从栏杆下面再钻出去!

另一位竞争者是一个5岁的小男孩。他们家经过地道从柏林墙的下面钻到了西柏林。这个地道挖了整整6个月。而且因为东柏林警察便衣密布,地道不得不从西柏林挖掘。要求是绝对不许做地面测量。还必须正好挖到被接应者家的厕所里。为了不被地面人员发现,地道深入地下12米!

这样庞大的工程,这样长的时间,真不知道逃亡者是如何承受这样的心理压力达如此之久的。但这个孩子什么也不知道。当他从地道口出现在西柏林的时候,面对记者和救援人群发表感想如下:

"这个大洞洞怪吓人的,不过没有野兽。"

那一刻,我想到了著名的影片《美丽人生》。

二、泪 篇

在柏林墙的逃亡者中,那些"功败垂成"者无疑是悲惨的。1961年,18岁的彼得·菲西特就是这么一个人。他已经爬到了柏林墙的顶部,只需要再加最后一把劲,就可以达成目标,就在这个时候,枪声响了……

彼得滑落回柏林墙东侧。

悲剧还没有完,身中数弹的彼得倒在柏林墙下,血流如注,我不知道东德的警察是一时不敢承担责任,跑去请示上级,还是真的就已经下了杀心(我宁愿相信是前者)。彼得就这样在墙下躺了50分钟,没有一个东德警察前来管他。

彼得的呼喊声一点一点地低下去了,低下去了。

彼得终于停止了呼吸。他的血已经流尽了,在他蓝眼睛里最后映出的,依然是东柏林。50分钟以后,东德警察抬走了他的尸体。

在柏林墙刚完成的那一年,由于墙还不是很坚固,有人就想出了办法,开重型

车辆直接撞墙！直接冲开柏林墙进入西德。

逃亡者要面对的绝不仅仅是坚固的高墙，还有来自军队和警察的密集射击。有军事常识的朋友都知道，对于穿透力极强的子弹，民用车的车壁、车门根本就没用，香港电影里躲到小轿车后面就可以逃开对方射击的镜头完全是搞笑。所以，用这个办法冲击柏林墙的人，实际上等于完全不设防地穿行在枪林弹雨中，去争取一次严重交通事故的机会！

这样的故事太多。最悲惨的，一是在离墙最后一米处熄火的那辆装有数十人的大客车；二就是布鲁希克的故事。

布鲁希克和他的同伴同样是利用大客车冲击柏林墙，但是他们的行动从一开始就被发现了。军队和警察从多个方向向客车密集射击，客车起火燃烧，弹痕累累！还好，客车质量过硬，不但没有熄火，还在布鲁希克良好的驾驶技术下奋勇加速，一声巨响，柏林墙被撞开了一个大缺口，整个客车冲进了西柏林！

驾驶座上的布鲁希克身中 19 弹，他是用生命的最后意志坚持加速，冲向柏林墙的。当客车冲进西柏林的那一刻，布鲁希克停止了呼吸。

三、黑色幽默篇

1979 年某夜晚，从东德一个家庭的后院升起了一个巨大的热气球。气球下面的吊篮里装着两个家庭——两对夫妇和他们的 4 个孩子。这个气球完全由这两个家庭手工制成，花了数年的时间。在此期间，两个家庭自学成材，从材料学、工程学、气体动力学、气象学……一直到建立家庭实验室，最后成功地在家庭的后院里制作完成了这个高达 28 米的热气球！

经调查，此热气球是欧洲历史上最大的热气球，被收入吉尼斯世界纪录！

这个热气球在通过柏林墙的时候，被警察发现了。警察目瞪口呆之余，还算记得开枪射击。这一射击，该气球良好的工艺水准就发挥了出来。逃亡者操纵热气球一下升高到了 2800 米以上的高空，不但枪打不到，连探照灯都照不到！警察只好紧急呼叫空军支援："你们赶快出动，寻找一个热气球，把它打下来，对，没错，是热气球，重复一遍，热—气—球！"

战机立刻出动，但是热气球在 28 分钟的飞行以后，已经完成了使命，安全落地。

问题是，当气球被发现以后，两家人决定立刻降落，以避免被战机击落，这一"紧急降落"，就谁也摸不准方向了，降落的地点无法确定。到底是已经到了西德，还是被迫降在东德，谁也不知道。

估计在他们数年的学习中没有心理学的功课,面对未知的前景,8个人都失去了验证的勇气。他们根本不敢走出这个气球,就这样躲在吊篮里长达24小时之久。

他们已经没有勇气亲自揭晓自己的命运了。他们惟一能做的,就是祈祷。

降落整整24小时以后,军人来了,揭开了气球。他们对这8个逃亡者说出了他们盼望了多少年的话。

"你们出来吧,这里是西德领土。"

四、世上无难事,只要肯钻研

下面这个故事,证明了这个世界上有些事情,你是永远连想像都想像不出来的。

如果让你把一个人藏在小汽车里偷越柏林墙,你会把他藏在哪里?后箱?底盘?座位下面?

恐怕没有一个人会想像得出来,把人藏在汽车的引擎部分。不要说那里因为发动机的缘故温度高,废气多,人放那里多半不烫死也被憋死,就算没这些问题,您随便掀开哪辆车的引擎盖看看,怎么可能放得下人?

然而事实证明,那里可以放下一个人,而且这个人可以在引擎旁边至少待两个小时以上,还保持清醒。9个从引擎中逃亡柏林墙的东德人可以作证。他们的故事甚至连金庸先生描写的什么"缩骨功"也相形见绌。

据资料显示,他们都是把自己扭曲成,很难说他们把自己扭曲成什么形状了。总之他们就好像没有骨头,可以随便变形的橡皮泥一样,把自己一点一点地塞进了引擎与盖子之间的缝隙里。然后就这样逾越了柏林墙。到达西柏林以后,他们要用一二个小时的时间,再一点一点把自己"还原"。先出来一条腿,再伸出一个头,逐渐地,一个人的形状硬是从引擎里升了起来。如果放一个快镜头,简直就是《终结者Ⅱ》的翻版。

在录像上,一大群西德的热心人在旁边帮忙。但是很快,"不许帮忙"就成了规矩。

因为逃亡者的姿势实在太古怪,只能由本人来逐渐恢复。没有经验的人只能是越帮越忙。

在香港电影里,警察,或者匪徒,经常从人行天桥上一跃而下,正好落在驶过的汽车顶上。这对于我们来说是电影,对于柏林人却是生活的一部分。

凡靠近柏林墙的高楼,都成了东德人"跳楼"的场所。不过,他们跳楼不是求死,而是逃亡。曾经有一家三口一起跳楼。6岁的孩子成功了,父亲和母亲却摔到了地面，一个伤了内脏，一个伤了脊椎。在短短的跳楼时代，有4个人因跳楼而死亡。

再后来，由于柏林墙西侧仍属于东德，接应的西德人算侵犯了东德领土，跳楼者又改用汽车接应。顶部预先布置的汽车突然冲向柏林墙，跳楼者就把握这一刹那裹着被子飞跃而下，直扑汽车顶部。汽车又马上退回西柏林内部。

直到东德下了决心，把柏林墙东德一侧的高楼全部推平，空出一片几百米的区域，以防止此类跳楼逃亡法。

五、俱往矣

在30年的柏林墙前面，我只看见过柏林人两次流泪。

一是在1961年，柏林墙正在竖起，那个时候，柏林墙还是"透明"的铁丝网，就隔着那一道铁丝网，千万德国人交谈着，互相安慰着。我注意到很多这样的镜头，一对衣冠整洁的中年夫妇，镇定地安慰着对面的年轻人，而那青年已经泪流满面，泣不成声。

问德国同学，回答是，那是一个个家庭，那一天，儿女或者因为工作，或者因为上学，或者只是一时的游玩，从东柏林走到了西柏林。而父母还在东柏林。他们走到柏林墙边，来见对方最后一面。那对镇定的父母一定是在告诉儿女，从此你就要靠自己了，你要坚强地生活下去！

这样的父母一眼望去，竟然有那么多。

再后来，是1989年11月9日，东德宣布开放整个柏林墙。一时间，德国人疯狂地涌向柏林墙。两德的居民拥抱在一起，哭泣在一起。我首次看见德国人这样失控。人那么多，有的奏起音乐，于是人们一起跳舞，欢歌，欢呼和笑声响彻云霄，仅仅片刻之后，也许，不知道是谁，为了什么，忽然哭泣起来，也许，正为了28年以前送别自己的父母，永远不能再回到柏林墙，再告诉自己一次，"你要坚强地活下去"。

于是哭泣声越来越大，千万人一起哭泣起来。每个人都有充分的理由。有充分的理由笑多少，也就有充分的理由哭多少。在这堵墙下面，掩埋了一个德国的传说。

心灵体验

一堵墙将柏林分成东柏林和西柏林，也使无数个家庭分裂。于是，在这堵人为的障碍面前，演绎了一个又一个或悲或喜的逃亡者的故事，让人感受到生命的无畏和孜孜以求，更感受到历史的沉重。今天，当我们读这段历史时，惟一值得庆幸的是——俱往矣！

7

放飞思维

1. 柏林墙的修筑是一个历史问题,你对这段历史了解多少?你怎样评价当时的这一举措?

2. 由于政治和历史的原因,造成了世界上一些国家和民族分裂的现实,给普通民众的心灵刻上了一代又一代的伤痛。联系本文,谈谈你还了解多少这方面的问题,试着加以分析。

他放走了希特勒

◆王霄 编译

他认为二等兵坦迪当时之所以没有扣动扳机,完全是上天的安排。因此,他决不会忘记在那个命运时刻指着他的那个枪口和坦迪的那张脸。

歌德曾满怀敬畏地将历史称为"上帝的神秘作坊"。其实这个作坊大部分时间只是冷漠枯燥地记录着一件又一件琐碎平淡的事情;然而在某个时刻,这个作坊又会爆发出最富想像力的即兴之作,而在这些充满戏剧性和命运攸关的时刻,某个仅仅持续了一天或者一小时,甚至是几秒钟的事件就会决定一个人的生死,一个国家的存亡,甚至于整个人类的命运。1918年9月28日就是这种具有世界意义的历史时刻。这一天,27岁的英国二等兵亨利·坦迪与29岁的德军下士阿道夫·希特勒在法国小镇马尔宽相遇。

最勇敢的英国士兵

亨利·坦迪1891年8月30日生于英国沃里克郡利明顿。坦迪早年生活困苦,童年时代的大部分时间都是在孤儿院度过,成年后他在利明顿一家旅馆干过锅炉工。1910年8月,这个再普通不过的穷小子加入格林·霍华兹步兵团,开始了他的军旅冒险。同年,坦迪随步兵团第2营辗转南非、根西岛等地服役。接着,第一次世界大战爆发了。

1914年10月,坦迪所在的部队参加了血腥的第一次伊普尔战役。两年后,他在著名的索姆河大会战中脚部负伤。伤愈后他随第9营在佛兰德等地与德军苦战。1917年11月,他再次负伤住院。次年,坦迪被送往第12营。不久,他所在的部队因伤亡惨重被解散,坦迪被分配至惠灵顿公爵第5步兵团。在此后的战斗中,二等兵坦迪似乎时来运转了。1918年8月28日,坦迪因作战英勇被授予"优异战斗勋章";9月12日,他在哈维林肯特战斗中因英雄主义表现被授予"军事奖章";同月28日,在夺占马尔宽渡口的激战中,坦迪的英勇表现又为他赢得了一枚"维多利亚十字勋章"。

战争结束后,坦迪随惠灵顿公爵第二步兵团在直布罗陀、土耳其和埃及等地服役。1926年1月5日,他以中士军衔退役。一些历史学家认为,坦迪是战争期间获得荣誉最高的英军士兵。如果他是个军官的话,王室毫无疑问会册封他为骑士。然而,坦迪决不会想到,在如此荣耀的经历中,他铸成了一桩历史大错。

命运时刻

在夺占法国小镇马尔宽渡口的战斗中,英军战报5次提到坦迪的英勇表现。1918年9月28日这天,坦迪所在的步兵团一度被德军猛烈的重机枪火力所压制。二等兵坦迪跃出战壕,只身一人匍匐靠近德军阵地并成功地消灭了德军机枪手。抵达渡口时,他再次冒着密集的炮火率先铺设起木板,使英军冲锋部队得以顺利冲入敌人阵地。紧接着,坦迪与战友一起与德军展开刺刀战,最终迫使人数占优势的德军退出战斗。

两军的血腥厮杀渐渐平息下来,德军或投降或撤向后方,英军亦无力再战。突然,坦迪的视线中出现了一个德军伤兵。这个一瘸一拐走出阵地的德军士兵也看到了不远处坦迪的枪口正死死地指着他。然而,这个伤兵显然已经精疲力竭,他既没有举枪也没有惊慌失措,只是毫无表情地盯着坦迪,似乎在等待已无可避免的最后时刻。"我当时的确瞄准了,但我从来不射杀伤兵,"坦迪日后回忆起当时戏剧性的一刻,"我让他走掉了。"

这个年轻的德国伤兵略略点了点头,然后就慢慢走远了。历史在这一刻忽然转向了。这个名叫希特勒的德军下士与德军残部顺利撤回后方,而坦迪很快也淡忘了这个战斗结束时刻的小插曲。1919年12月17日,英王乔治五世在白金汉宫亲自为他挂上"维多利亚十字勋章"。为表彰这位士兵英雄在战争期间的杰出表现,当时的英国报纸对坦迪的战功广为报道。意大利艺术家福蒂尼诺·马塔尼亚专门创作了一幅以伊普尔战役为背景的油画,坦迪在画中背着一个伤兵,以示这些勇敢的士兵是在为"结束一切战争"而战斗。

历史是个创造命运的大师,荣誉纷至沓来之时,大错已无可挽回。1926年,35

岁的坦迪荣归故里，娶妻生子，过起了平静的生活。谁又会想到，不到10年，命运之神就又来打扰他了。

往事成新恨

1938年的欧洲，风雨如晦。当时的英国首相张伯伦同意前往德国与元首希特勒会谈。这位已是69岁高龄且从未坐过飞机的大英帝国首相居然肯降尊纡贵，希特勒大喜过望。双方商定在巴伐利亚贝希特斯加登希特勒新近修成的私人别墅见面。

9月15日，张伯伦长途飞行7个小时，又坐了3个小时火车，终于到达建在山头的希特勒的别墅。令首相大感惊奇的是，这位德国元首的客厅里赫然挂着一幅马塔尼亚当年为坦迪所作画像的复制品。希特勒解释说："画中的这个人差点儿要了我的命，当时我甚至觉得自己再也见不到德国了，上天将我从英国士兵瞄准我的枪口下救了出来。"

张伯伦当时心中有何感想已不得而知。或许他心里在暗想，坦迪要是扣动了扳机，欧洲今天的这场灾难可能也就无从而起了。

无论如何，希特勒希望首相回国后向他的这位英国"救命恩人"转达最衷心的感谢。首相表示会设法转告。然而，这个突如其来的祝福对坦迪无疑是命运的一记重重的耳光。

历史的恶作剧

消息传到英国国内，举国震惊。一些历史学家对如此戏剧性的一战轶事深表怀疑。然而，谁又会如此无聊地编造这样一个故事呢！

希特勒所属的李斯特团1918年9月的确驻防在马尔宽渡口地区，由于德国的大批官方历史档案毁于战火，希特勒本人的回忆录又以混乱和前后矛盾著称，因此9月28日这一天希特勒在这场混战中的确切位置已无从考证。尽管如此，希特勒本人对坦迪的兴趣却是有据可查的。1937年，格林·霍华兹步兵团公报曾有一段记载，称厄尔上校从一个自称施瓦德博士的人那里听说德国元首非常想要一幅马塔尼亚创作的英军油画。厄尔上校不久就送去了这幅画，希特勒的副官魏德曼上尉专门致信表示感谢。信中写道："您所赠礼物已由施瓦德博士的办公室工作人员送抵柏林，特此表示感谢。元首对那些与他个人战争经历有关的事自然是感兴趣的。我给他看您所送的画时，元首很感动。他指示我向您转达他本人最诚挚的谢意。"

对于坦迪来说，这则往事却是他不得不接受的残酷现实。据坦迪的外甥威廉·沃特雷回忆，60多年前的一个夜晚，就在欧洲大战的阴云再次聚集、张伯伦首相亲自前往德国"绥靖"希特勒之后，坦迪突然接到了一个神秘电话。挂上电话后坦迪向家人承认，来电者正是首相本人。首相说自己刚返回伦敦，在贝希特斯加登，他看到了一幅马塔尼亚创作的格林·霍华兹步兵团在梅嫩（Menin，比利时境内——译注）渡口作战的画像。他问希特勒是怎么回事，后者指着画中的坦迪说道："就是这个人，他差点儿打死了我。"

有时候，追忆的往事总是有些混乱。坦迪事后回忆，说自己在大战期间曾多次放过伤兵或已放下武器的德军士兵。因此，对于希特勒与坦迪两人的命运交叉时刻到底发生在马尔宽渡口还是梅嫩渡口，历史学家众说纷纭。无论如何，希特勒本人对坦迪的特殊兴趣似乎是最好的证据。这位元首对自己在一战中的英勇作战历史的确非常自豪，但他决不会无缘无故选择一张描绘英军胜利的油画来满足自己的回忆。

值得注意的是，希特勒早年的经历与坦迪颇有相似之处。大战爆发时，希特勒加入了德国巴伐利亚第16步兵团。此后，他也参加了1914年第一次伊普尔会战。希特勒在战斗中也有英勇过人的表现。为此他两次受伤，两次获"铁十字勋章"。这个政治狂人此时已深受瓦格纳戏剧的影响，认定自己就是德意志民族的救世主。他认为二等兵坦迪当时之所以没有扣动扳机，完全是上天的安排。因此，他决不会忘记在那个命运时刻指着他的那个枪口和坦迪的那张脸。此后，希特勒在报纸上看到了坦迪被英王亲自授勋的消息。对这件事，希特勒显然牢记在心。上台之后，他仍然没有忘记设法搞到一张马塔尼亚为坦迪创作的画像，以标榜上天对他的刻意关照。

不幸的是，这张具有历史意义的油画在盟军攻入贝希特斯加登"鹰穴"后不知去向。

此恨绵绵

再说坦迪，昔日的荣誉与征战往事突然间成了最折磨人的记忆。由于他的"善行"，整个世界陷入了一场劫难，数以千万计生灵涂炭。1940年，坦迪移居考文垂，他目睹德国空军将这座城市炸成平地。此后，他在伦敦再次亲历纳粹空军的狂轰滥炸。他对一位新闻记者痛苦地感慨道："要知道这个家伙会是这样一个人，我真该一枪毙了他。那么多人，那么多老弱妇孺被他杀害，我真是有愧于上帝啊！"

时年49岁的坦迪再次报名参军，但他在索姆河会战中所受的重伤使他已不能重返战场。虽然这位老兵此后忘我地投入到国内志愿者工作之中,但对往事的记忆却时时折磨着他。1977年,坦迪在考文垂去世,享年86岁。根据他的遗愿,他的骨灰被安放在马尔宽渡口英军阵亡将士墓中。3年后,坦迪的遗孀将他所有的军功章以2.7万英镑的天价出售。1997年停战纪念日,几经转手的军功章被赠予坦迪当年曾服役的步兵团。今天,这些宝贵的勋章被陈列在格林·霍华兹步兵团团史纪念馆,它们将永远提醒人们记住人类的这个命运时刻。

心灵体验

不知该说造化弄人,还是该说人生如戏。亨利·坦迪,一个第一次世界大战中英国最勇敢的士兵,一个为"结束一切战争"而战斗的士兵,一个曾获得英国士兵最高荣誉的士兵,一次仁慈的行为,竟然放走了希特勒,为第二次世界大战埋下了祸根,让往事成了新恨。历史给他开了一个大大的玩笑,难怪歌德要将历史称为"上帝的神秘作坊"!

放飞思维

1. 假如没有以后的故事发生,你会怎样评价亨利·坦迪放走德军伤兵这一行为?如果你是亨利·坦迪,你也会这么做吗?为什么?
2. 亨利·坦迪放走希特勒,为二战埋下了战争的种子,导致二战的爆发,这是历史的必然还是偶然?
3. 读完本文后,你有何感想?

百 年 黄 埔

◆张志东

大璞未完总是玉,精钢宁折不为钩。

国共两党的军队都与黄埔军校有着深厚的渊源,没有黄埔军校,中国20世纪的历史必定要重新改写。

黄埔军校差点儿就不叫黄埔军校

1924年1月24日,孙中山正式下令筹建陆军军官学校。这是他在共产国际

代表和共产党创始人之一的李大钊的帮助下所做的一件大事。讨论校址时，国民党中央执委是定在"测绘局及西路讨贼军后方医院"，即现在的北教场路烈士陵园一带，广州人通称为"东山"。为此，还形成了文件。不过没多久就改了。否则，黄埔军校就叫"东山军校"了。

据说以黄埔岛做校址，是孙中山亲自选定的。主要是从安全角度考虑的，因为当时大小军阀随时发山大王脾气，弄不好就会突然袭击军校。这个四面环水的小孤岛，的确是进可攻退可守的地方。黄埔军有了这么个大本营，在战略上占了大便宜。

黄埔岛是长洲要塞所在地，一直是防卫广州海路的要冲。清政府设广东海关黄埔分关。林则徐在此筑长洲炮台。民国后又成立了长洲要塞司令部。驻守炮台的军队很特别，采取世袭制。一家人祖祖辈辈都是炮台守军。老祖父两眼昏花，依然认为炮台上少了自己不行，坚持当瞄准手，儿子和孙子只好去搬炮弹。好在打炮的事多少年碰不到一回，平时一家老小在岛上种菜，以卖菜为生。

隆重的开学典礼

1924年6月16日，是黄埔军校开学的日子。这一天，广州军界要人起了个大早。孙中山坐军舰于7时40分抵达黄埔岛。9时30分，开学典礼在操场上举行。先由孙中山发表演讲。他的演讲足足讲了一个多小时。他说："没有好的革命军，中国的革命永远要失败。今天建立黄埔军校，就是为成立革命军打基础。""革命军必须富有革命的志愿，一生一世不存升官发财的心理，只知救国救民，实行三民主义和五权宪法。"他以很通俗的语言说："革命党的精神，就是不怕死的精神。有了这种精神，100个人就能打10000个人。有一支10000人的革命军，就可以打倒军阀。"孙中山演讲完毕，会场掌声雷动，口号鹊起。接着由党代表廖仲恺主持开学仪式，胡汉民宣读总理训词，汪精卫代表国民党中央执委致祝词，最后是阅兵式和分列式。60年后的军校纪念活动中，李默庵、宋希濂等人回忆，有两件事记忆犹新。一件是操场前头搭起了台子，台正中央挂着军校校训："亲爱精诚。"两边还挂着一副对联："养天地正气，法古今完人。"孙中山那天穿着白色的中山服，戴一顶白通帽。宋庆龄很优雅地站在孙中山旁边，白衣黑裙，美如天仙。另一件是胡汉民用广东话宣读"总理训词"："三位煮鸡，萝卜大葱。"硬是听不懂内容，事后看贴在墙上的训词，才恍然大悟："三民主义，吾党所宗。以建民国，以进大同。咨尔多士，为民前锋。夙夜匪懈，主义是从。矢勤矢勇，毕信毕忠。一心一德，贯彻始终。"

13

宣侠父事件

　　这是一个容易被人遗忘却具有非常意义的事件。1924年7月6日,军校开学仅20天,便成立了特别党部。这是孙中山根据苏联顾问鲍罗廷的建议,实行"以党治国,以党治军"的具体体现。特别党部作为军校的最高领导机构,须经选举产生。选举结果,蒋介石、严凤仪、金佛庄、陈复、李之龙5人当选为执委。蒋介石对此是既喜又忧,喜的是自己顺利当选;忧的是五名执委中,除自己外,全是有共产党员身份的国民党员。尽管身为校长,但在党部只是一名普通执委,从理论上讲没有特权,自己将来在黄埔就谈不上有什么作为了。如果按规矩办事,蒋介石就不是蒋介石了。他很快以校长、特别党部的名义下文,直接指定各党小组长,还规定党小组长每周直接向校长书面报告党内活动及工作情况。文件下发后,共产党员宣侠父抗议了。这位日本帝国大学毕业的校长老乡,也是被指定的党小组长。他十分正规地给特别党部写了一份报告,毫不客气地把矛头直指蒋校长。他认为校长此举,是企图以军权代党权,违背了孙中山"以党治军"的原则,把党的基层组织变相地化做手中的工具,成为强权下监督同志的特务机构。他要求特别党部应组织基层分部的选举,并监督进行。蒋介石看了报告后,气得咬牙,恨不得立即赶走宣侠父。但考虑此事非大非小,处理不好会影响政治立场和形象,于是他以老乡和校长的双重身份,召见了宣侠父。谈话很快陷入了僵局,蒋介石命令宣侠父写出悔过书,否则将开除出校。宣侠父不仅不写,3天后还愤然离开了军校。临走时,给同学留言:"大璞未完总是玉,精钢宁折不为钩。"许多人都未意识到,宣侠父所维护的,正是孙中山当做命脉的东西。这是黄埔岛上共产党与国民党第一次交手,却彻底地输了。不仅如此,孙中山领导的革命军,从一开始就偏离了方向,也注定了日后的悲剧。

入什么党就看你填什么表了

　　杜聿明同时收到两张表,都发展他入党。对这两个党究竟是怎么回事,他也说不清。他略想了一下,"共产"这两个字,可能是把家里的财产归大家所有吧,他老家有些财产,这可舍不得,还是入国民党吧。国民党是孙中山的党,不会有错的。杜聿明就填了国民党的那张表。黄埔的国民党组织,嫌这样一个个去找人入党太麻烦,就干脆在课堂上把入党登记表当作业发下去,规定每人都要填好。道理很简单:你不是想当革命军人吗,那你就得先是革命党人。于是大家都填了,包括共产党员们。共产党组织早有决议:共产党员可以个人身份加入国民党。毛泽东、谭平山早就入了,都在国民党中执委当着部长。这个大家都知道。不过,杜聿明可能没想到，和他加入国民党差不多的时间里，他的妻子曹秀清却正在陕西榆林中学加入共产党，举着右手朝斧头镰刀和列宁像宣誓呢。

汪精卫与蒋介石较劲

1925年秋，汪精卫已从黄埔军校卓越的表现里看到了辉煌的前景。所以，他以国民政府常委会主席之尊兼军校党代表，以求在军中建立自己的体系。结果发现是帮蒋某人当了下手。此后，每次较劲皆以汪输给蒋而告终。后来，汪精卫肯定蒋介石打不过日本人，就先到南京投降了日本，自以为这次肯定胜蒋某人一筹，没料到却把老本都赔了。汪精卫在军校时，有很多崇拜者，但他当了汉奸，学生中就没有人愿意提到是他的学生，更谈不上崇拜他。汪精卫的伪政府和伪军里基本没有黄埔生。

严重隐入林泉

1928年冬，国民政府军事委员会军政厅长、中将严重，抛掉所有的军政事务，独自一人隐居于庐山，在太乙峰下建草庐"劬园"。"劬"者，劳累也。严重是黄埔一期学生总队长，离开黄埔后，跟随老蒋中路北伐。他常反思北伐以来的一场场激战，众多的兄弟命丧黄泉，却扶起了一个更大的军阀。他是真的隐居山林，每天与樵夫农夫生活在一起，靠自己的收成糊口。严重的学生陈诚常上庐山看望恩师，老蒋总捎信问候，并一再热情邀请严家住到南京附近，以便能经常讨教。1930年，严重回武汉看望生病的妻子。蒋介石觉得这是拉拢严重的好机会。他派人秘密前往武昌，授严重冯阎大战军事总指挥，并授上将军衔。为表诚意，老蒋让人把上将军服都带去了。老蒋这招对冯玉祥也许灵，对严重就错了。严重回到庐山，在草庐的墙壁上贴满标语："不耕而食、不织而衣者皆自然界之扒手，社会之蟊贼也！"1939年抗日烽火点燃了严重的革命热情，他毅然出山，任湖北省政府主席。1943年病逝于任上。

长城脚下的忠魂

1933年3月，日军先头部队由东北长驱直入，一直深入到热河境内的长城脚下，蒋介石迫于战局和舆论压力，急调中央军增援长城前线。先后奉调的第17军3个师，军官几乎全是黄埔生。第2师师长黄杰、旅长郑洞国、第25师师长关麟征、副师长杜聿明,第81师师长刘戡,全是黄埔一期生。黄埔名将戴安澜、王润波、郑庭笈、覃异之、罗奇等人,都参加了这次战役。这3个师在长城一线,与装备精良的日军激战了两个月,古北口一带所有的高地都化做了焦土,共有170多名黄埔生长眠于长城脚下。

战略家陈诚

1937年8月15日,庐山。蒋介石与众将领策定抗战方略。蒋征求陈诚对抗战计划的意见。陈诚是黄埔一期特别官佐,很得老蒋赏识。他认为:该计划在敌情判断方面有精明正确之处,但在作战方针和指导要领方面,所主张的处处设防,御敌于国门之外,不切合中国实际。为此,他提出了持久战的战略,把对日作战分为三个时期,即持久抗战、敌我对峙和总反攻。他的抗战三阶段论,在不少地方与中共、毛泽东的战略方针极其相近。

在分析上海方面的仗是否继续打时,陈诚力排众议,语气坚定地说:"上海方面的仗不仅要打,还要大打。"他接着说:"日军从华北而来最为可怕。华北一马平川,利于日军机械化部队快速推进,速战速决。如日军在华北得势,以主力沿平汉路南下,直扑汉口。这样,我华中部队将被敌切断后路,既无险可守又无路可退。华东我部则有被敌人一鼓而歼之危险。""日军既不肯放弃上海,不如索性将计就计,扩大上海战事,把北方的日军吸引到南方来。我华中广大地区,江河纵横,水网泽国,机械化部队展开困难,敌之锋芒顿然锐挫,而我军则尽可发挥其优势。"蒋介石听到这里,心中豁然开朗。他不顾众将满脸惊讶,连说:"对,上海要打,要大打!"这样,当30余万中国军队对上海形成包围态势后,天皇和日军统帅部都震惊了,也震怒了:中国军队要拔掉日军上海据点,这是对帝国皇军的侮辱。日本军部和内阁痛下决心,严惩中国军队。战后多年,史学家们对这一南北战略赞誉多于贬斥;日本战略家战后也承认,日军大量投入上海、华中,是陷入中国战场而无力自拔的大败招。

"和你们胡长官黄埔同期"

黄埔师生分成敌对后,常有交手机会,但开始,共产党方面总处弱势。1934年末,一期生刘畴西率红十军团在浙赣边界遭一期生俞济时"围剿"两月余,刘畴西、方志敏被捕。俞济时在校时同桂永清甚好,桂是刘的老乡,故他和刘也很熟。俞济时想都没想要给老同学开点儿后门,当衣衫褴褛、冻得发抖的刘畴西被带到身穿将军大氅、烤着炭火的俞济时面前时,俞济时优越感顿生,连寒暄都没有,挥挥手,让人把刘畴西押走了。黄维后来听说此事,对俞济时大为不满,当面损他:"那么冷,你也该叫人吃顿好饭,穿件棉袄嘛!大家同学一场,你也太狠心了。"后来蒋介石多次派黄埔同学做软化工作,无果。1935年5月,刘畴西在南昌百花洲被枪杀。到解放战争时,国共强弱势力颠倒过来。1946年,胡宗南对晋南大规模进攻,其对手就是老同学陈赓。陈赓是太岳纵队司令员。胡宗南用11个师与陈赓4个旅交战,却一次次栽了大跟斗。陈赓每捉住敌高级将领,就说:"我是陈赓,和你们胡长官黄埔同期!"陈赓虽不开后门私放俘房,但黄维说的那个"一顿好饭,一件棉袄"的同学待遇还是能落实的。

何应钦救主

1936年,西安事变的消息传到南京。在国民党中央紧急会议上,军政部长何应钦别有用心,力主讨伐勤王,并自告奋勇出任讨伐军总司令。贺衷寒马上成为何应钦的主要谋士。何应钦此举,是司马昭之心路人皆知。而贺衷寒一招也很绝,如蒋某回来了,会以为他在真心救校长,忠勇可嘉;如蒋某死了或回不来了,他则是新领袖何应钦的第一红人。然而这套把戏怎么玩得过师傅?老蒋一回南京,三下五除二,就让何府门庭冷落,贺衷寒一生坐冷板凳,仅能解决温饱。

平型关大捷与昆仑关之战

1937年8月和1939年底,四期生林彪和一期生杜聿明分别在山西平型关与广西昆仑关打了一场抗日的著名战役。平型关和昆仑关都是进攻战。林彪是占据居高临下的有利地势,打的是巧仗,是战略战术上的出其不意攻其不备;杜聿明是佯攻"一夫当关,万人莫开"的昆仑关,是实打实硬碰硬的攻坚。林彪指挥的是小米加步枪的八路115师,杜聿明带领的是中国惟一机械化军第五军,对手同是号称"钢军"的板垣征四郎师团。林彪打的是21旅团辎重队和后卫部队,杜聿明攻击的是12旅团主力。平型关歼敌1000余人;昆仑关歼敌4000余人,旅团长也被击毙。昆仑关之战使杜聿明威名大振;平型关大捷是中国军队节节败退时炸响的一曲凯歌,打破了日本"皇军"不可战胜的神话。

"一期打不过四期"

1948年9月,辽沈战役开始。敌对双方战地主帅都是黄埔师生。国民党东北

"剿总"总司令卫立煌是黄埔教官,副总司令杜聿明、郑洞国、范汉杰皆为一期生;共产党主帅林彪是黄埔四期生。双方主帅都是抗日名将:平型关之战与昆仑关之战早使林彪和杜聿明威名远播。而在昆仑关击毙日本旅团长中村正雄,就是荣誉第一师师长郑洞国部下所为。1941年底,太平洋战争爆发后,国民政府组建中国远征军。1943年10月,卫立煌出任中国远征军总司令。在攻击战略要地腾冲的反攻战中,他随机应变,巧妙部署,取得了成功。此举在国际上引起了反响。发行量很大的美国《时代》周刊做了专题报道,在封面上刊登了卫立煌的照片,题为《常胜将军卫立煌》。然而在东北,林彪却让他这个"常胜将军"输得老本都没了:短短的52天时间,46万国民党精锐部队化为齑粉;副总司令范汉杰被擒;郑洞国无奈地举起了双手;而杜聿明从昆仑关到山海关,在黑土地上打响内战第一枪,又从秦皇岛到葫芦岛,在黑土地上指挥撤退最后一名国民党士兵。卫立煌在仓皇逃离沈阳的路上,想起11年前去洛阳开会,路过延安,参观完"抗大"后,又去了二十里铺看望平型关战斗中受伤的林彪。他想给林彪送点礼,没准备,临时凑了600元钱,又觉得拿不出手,挺遗憾。这回都给补上了,他把从美国讨来的大批军事装备全留给了林彪。老蒋气得捶胸怒吼:"林彪是四期的,而你们是一期的,全是一期的……教官不如学生,一期打不过四期!"

心灵体验

黄埔,孕育将才的摇篮。一期一期的学生从那里出来,走向沙场,去施展他们的才能,去实现他们的理想——在那个特殊的年代,演绎了一个又一个历史故事。今天,当我们喊一声"百年黄埔"时,众多的感受顿时涌上心头,凝聚成三个沉重的字——俱往矣!

放飞思维

1. 黄埔开学典礼时的"总理训词"表现了孙中山的什么思想?你怎样评价这一训词?
2. 从文中可看出严重是一个什么样的人?
3. 无论是在抗日战争还是在解放战争中,林彪都屡立战功,为新中国的建立作出贡献。但在社会主义建设时期,林彪最后却"叛党叛国",在逃往前苏联途中坠机身亡。对此,你有何感想?

"俄罗斯大地辽阔，可我们已无退路……"

◆杜树林

>法西斯混蛋，来！来吧！俄罗斯大地辽阔，可我们已无退路，后面就是莫斯科！混蛋，来吧，送死来吧！

"俄罗斯大地辽阔，可我们已无退路，后面就是莫斯科！"这句在苏联卫国战争期间被苏联军民广为传诵的名言，既非领袖人物的命令号召，也非作家文人的激情话语，而是一位普通的苏军指导员在生命最后一刻的人生呐喊。而且，这句呐喊是通过电话的半截话筒传出的。

1941年11月，德军中央集团军再次全线进攻莫斯科，莫斯科保卫战进入决战阶段。战斗在莫斯科西北方向进行得尤为激烈，因为德军把主攻方向选在了莫斯科西北，沿沃洛科拉姆斯克、克林向莫斯科进攻。扼守沃洛科拉姆斯克的是前苏联第16集团军所属的316步兵师，师长名叫潘菲洛夫，他这个师是刚从中亚地区调过来的，装备精良，士气高昂。因此，上级把最艰巨的防御任务交给了他们。战斗打响后，德军4个师的兵力向沃洛科拉姆斯克猛扑过来。其中316师1075团5连的阵地上的战斗最为惨烈，5连防守着"鲍雷契沃"国营农场的西南，这里地势开阔，便于坦克、装甲车冲击推进，德军在这里集中了大量坦克、装甲车展开进攻。5连连长基洛夫斯基在前不久的战斗中负伤，正在野战医院治疗，全连由指导员克洛奇科夫指挥战斗。几天来他们顶住了敌人的多次进攻，防守阵地也是几次易手。战斗异常艰苦，全连仅剩28人。

这天，临近上午10时，德军的进攻又开始了，先是用飞机对苏军的阵地一阵狂轰滥炸，大有把每一寸地皮都翻过来的架势，然后坦克部队开始进攻。茫茫的雪地上，数不清的坦克、装甲车像一片蝗虫，向前爬着，敌人从三面向克洛奇科夫他们坚守的小山冈压过来。克洛奇科夫一声令下，顷刻间，反坦克炮、手雷雨点般地落向德军坦克，立刻有几辆德军坦克被击中，但是敌人的坦克太多了，前面的被击中，后面的又蜂拥而上，整座小山冈在轰轰的炮声中和嘎嘎的履带下颤动。

克洛奇科夫和手下的战士拼命反击，但画着铁十字的坦克还是一步步接近了主战壕。终于，一辆、两辆、三辆坦克轧向了战壕。就在坦克轧向战壕的一刹

19

那，克洛奇科夫看见离他不远的一名战士，两只手各抓着一颗手雷，后背紧顶住战壕的后壁，平伸双臂，把冒烟的手雷对准了轧过来的坦克履带。坦克巨大的身体，泰山压顶般地把他吞没了，就在这时，随着两声巨响，坦克下面的战壕里腾起两道浓浓的烟尘，整个坦克被震得跳了起来，随即横跨在战壕上一动不动了。另外两辆坦克轧过了战壕，继续向前开，但是没开多远，就被从后面战壕里扔出的几颗手雷炸毁了，还没等克洛奇科夫和战士们喘口气，一排炮弹在战壕附近爆炸，又有十几辆坦克喷着火舌，冲了过来。又是一次血肉之躯与钢铁之躯的搏杀，又有几辆钢铁之躯被血肉之躯挡住了。几次较量，战壕里本来就不多的战士也所剩无几了。

　　正在这时，通信员跑到克洛奇科夫身边，上气不接下气地说："指导员，师长电话……"话音未落，一颗炮弹在他们附近爆炸，通信员一下子扑到克洛奇科夫身上。烟尘落下，克洛奇科夫用手一推通信员，通信员瘫倒在地，后背一片殷红，一只手还紧紧地握着连着电线的听筒，听筒的上半截不知被炸到哪儿去了。克洛奇科夫双眼通红，好像喷着火，又像在滴血。这时，又一辆坦克向着他隆隆开来，克洛奇科夫一把抓起两颗手雷，咬住导火线狠狠一拉，一股青烟从手雷里冒出，咝咝作响。他忽地挺直了身体，把嘴里的线头一吐好远，双目眦裂，大声喊道："法西斯混蛋，来！来吧！俄罗斯大地辽阔，可我们已无退路，后面就是莫斯科！混蛋，来吧，送死来吧！"随后是一阵轰隆隆的巨响……

　　牺牲的通信员手中紧紧握着的那半截话筒，把克洛奇科夫生命的最后一次呼喊，忠实地传到了师长潘菲洛夫的耳中。巨响之后，那边一片沉寂。潘菲洛夫静静地又听了一会儿，才缓缓地放下听筒，然后，他默默地摘下军帽，低声说："把克洛奇科夫上尉的这句话告诉全师，不，告诉莫斯科的每一个保卫者。'俄罗斯大地辽阔，可我们已无退路，后面就是莫斯科！'"在场的人眼睛都湿润了。

　　事后查明，克洛奇科夫和他的27名战士，在那天的战斗中全部壮烈牺牲。他在牺牲前说的那句话，马上在莫斯科保卫者中传开。克洛奇科夫被授予卫国战争的最高荣誉——苏联英雄称号。

心灵体验

"俄罗斯大地辽阔，可我们已无退路，后面就是莫斯科！"一句激情的话语，一声愤怒的呐喊，在生命的最后一刻更显示了呼喊者心中的悲壮和愤怒……

放飞思维

1. 克洛奇科夫的话有什么深刻的含义？
2. 标题中为什么没有写全这句话，而是用了省略号，作者的用意何在？
3. 你对莫斯科保卫战了解多少？

圣诞夜休战

◆佚 名

> 德国下士指着地图指点美国兵怎样走到自己的防线去，然后，互相握手道别。

这是第二次世界大战的一个小小插曲，它发生在1944年圣诞夜。

靠近比利时边境的德国亚尔丁森林区有间小木屋，住着一户人家，娘儿俩是为了逃避盟军轰炸才躲到这儿来的。

这时，突然响起了敲门声，母亲慌忙吹熄蜡烛，打开了门。门外站着头戴钢盔的士兵，身后还有一个人躺在地上，血染红了雪。其中一人操着听不懂的语言，母亲马上知道他们是美国兵——德国的敌人。

美国兵不懂德语，母子俩又不懂英语，幸好双方都能讲几句法语，母亲瞧着那伤得很重的美国兵终于动了恻隐之心。

两个美国兵一个叫杰姆，另一个叫洛宾，伤兵叫哈瑞。他们与自己的部队（第一军）失散了，在森林里乱闯了3天，饥寒交迫，走投无路。

母亲盼咐儿子："去把赫尔曼捉来，还要6个马铃薯。"赫尔曼指的是那惟一留着的公鸡，本来打算等被征去当民防消防员的父亲回家过节时一同享用的。

正在布置餐桌时，又有人敲门，这次，门外站着4个德国兵。

儿子吓得浑身不能动弹，因为窝藏敌军是要作为叛国罪论处的。母亲虽然也害怕，可还是镇静地迎上去，说："圣诞快乐！"

"我们找不到部队。能在这里休息一下吗？"带队的下士问。

"当然，"母亲说，"还可以吃一顿热饭。可是这儿还有3位客人，你们也许不会把他们当做朋友。我们要过圣诞夜，不准在这里开枪。"

"是美国兵吗？"

"听着，"母亲严肃地说着，"你们，还有里面的几个，都可以做我的儿子。今夜，

21

让我们忘掉这回事吧。"

4个德国兵一时呆住了。母亲拍了几下手："话已经说够了,请进,把枪支放在屋角的柴堆上,该吃晚餐了！"

德国兵恍恍惚惚,听话地放下了全部武装,美国兵也照样做了。

德国兵和美国兵紧张地挤在小屋里,表情十分尴尬。母亲神态自若："这下,赫尔曼可能不够分配了,快去再拿些马铃薯和燕麦来,孩子们都饿坏了。"

当儿子从储藏室回到屋里,发现一个德国兵正在检查哈瑞的伤口,不共戴天的仇人仿佛成了一家人。这种奇特的休战持续到第二天早上。母子俩用两根竹竿和仅有的台布制成一副担架,让哈瑞躺上去,随后把客人们送出门外。德国下士指着地图指点美国兵怎样走到自己的防线去,然后,互相握手道别。母亲激动地说："孩子们,但愿有一天你们都能回到自己的家。上帝保佑你们！"

德国兵和美国兵朝相反的方向走去,消失在白茫茫的森林里。

心灵体验 战争永远是残酷和反人道的,但从这个故事中,我们看到了战争中人性的光辉和力量。

放飞思维
1. 这个故事发生在圣诞夜,这样设计有何好处？
2. 你怎样评判文中母子两人对自己祖国的敌人——美国兵的做法？
3. 德国兵和美国兵都听从了"母亲"的话,并能互相帮助,这一点说明了什么？

谁剥去了将军的衣服

◆王晓明

所有的挖掘声突然在一瞬间停止,王耀武在这一片寂静里趋步上前,看见墓穴里有一张年轻苍白的脸。猛然,他吃惊地问："他为什么光着身子,谁剥走了他的衣服？"

像是一头刚刚被关进笼子的饿虎,国民党将军王耀武在屋里焦急地踱来踱

去。他不时停下脚步，凝神倾听隔壁屋子里的动静。

"说！那个人到底是谁？活着还是死了？"

听不见有人回答，只有一阵冰冷的沉默。就像是铜钱大的雨点倾泻而下，落在浩瀚的沙漠中，激不起半点回响。

"不说就枪毙，毙了他！"随着一声又一声的呵斥，远处不时响起几声短促的枪声，接着又是大声的呵斥……

王耀武皱紧了双眉，这已是他今晚杀害的第 17 个红军战俘了，却仍然没有一个人肯说出实情。远处刚刚撤走的红军正在迅速转移，他们会很快消失在雪后的群山中，再也找不到踪影。但他仍不清楚，刚才那场战斗里究竟发生了什么事，为什么会出现那样一幕令他永生难忘的场景：

那阵枪声是在清晨突然打响的，当时他正率领部队成四路纵队行军。突然，从山坡上倾泻下一阵急骤的弹雨，接着是一片手榴弹的爆炸声。王耀武立刻像中弹似的滚鞍落马，脑海里涌上的第一个念头就是：糟糕！中了红军的埋伏，也许今天就会兵败被俘，然后被戴上高帽子游街，或被砍下脑壳，顺着长江漂到南京……

又是一阵枪声，接着，从高高的山冈上传来一片嘶哑的怒吼声。王耀武的部队不愧是国民党军的主力。急骤的枪声立刻狂风暴雨般响起，压倒了红军冲锋的怒吼。

久经战阵的王耀武，从望远镜里观察了一下战场，立刻发现情况有些异样：红军的火力远没有往常那样凶猛，冲锋的速度也远不如往常迅速。再细细观察一会儿，他心里猛然明白，眼前的红军已经不是前几次反围剿时的红军，而是一支近乎一无所有的队伍，最初那阵猛烈的枪声，可能已经耗尽了他们仅剩的枪弹。在 1934 年冬天的大雪里，冲锋的是一支仅穿着破旧单衣和草鞋的队伍。王耀武心里顿时有了胜利的信念，指挥部队连续打退了红军的两次冲锋。在血腥的战场上出现了一阵短暂的静默，突然间又有一股汹涌的浪潮出现了，队伍最前面的是个精灵般敏捷的小个子，身后紧跟着千百个跃动的身影。

王耀武心里明白，这是最后的搏击，红军已经在孤注一掷了！他紧紧压抑心头的恐慌，举枪击毙了一个正要往后逃跑的连长，然后嘶声叫道："弟兄们，不能退，退一步就全完了，咱们拼命吧！"被巨大恐慌笼罩的白军士兵拼命抵抗，所有的枪管都喷射着火焰，可红军仍然冲破了白军第一道防线。就在这时，几颗枪弹击中了那个冲在最前面的小个子，那人在奔跑中突然停下步子，身子像面旗帜般地卷了半个圈儿，然后慢慢倒在了地上。

战局在这时发生了奇特的变化：所有正在冲锋的红军战士突然不再向前，而是一齐蜂拥着扑向那个曾经冲在他们队伍最前面的瘦小身躯。白军的枪弹也跟踪而至,打得那人周围的土地就像滚开的沸水,尽管前面的红军像火中的芦苇般不断倒下,后面的红军仍然前仆后继地向着那个人扑去……

冰冷的钢铁,终于在那些灼热的血肉之躯面前退缩了,有一队红军奇迹般地冲破了火力封锁,他们抬起那具瘦小的身躯向后退去。于是整个红军队伍,都像是猛然撞在礁石上的潮水席卷而去,消失在刚刚被雪花染白的山峦。王耀武被这急转直下的战局惊呆了,竟然忘了下达追击的命令,直到红军退去了许久,他才回过神来,第一个拔腿奔向他刚才死死瞄准过的那块土地。

那是一个令任何一方的军人都目瞪口呆、心惊胆战的场景:成百个红军的遗体横躺竖卧,浓浓的灰色覆盖了这片不久前还是白雪皑皑的山坡,所有的遗体都朝着那个方向,朝着那片曾经躺过那瘦小身躯的土地。

一只被炸断的手张开五指,每个手指都痉挛地指着那个方向……

一个身首异处的士兵死不瞑目,凝固的眼神一眨不眨地盯着那个方向……

"马上查明那个受伤的人是谁,他是否还活着!"这是王耀武回过神后,下达的第一道命令。

审讯整整进行了一天,没有任何结果。

"报告,总算有个俘虏招供了。"门口出现了满脸写着疲惫的副官,据他说,那个带队冲锋的人是寻淮洲,已经因伤重而死,被葬在了后山顶上。

一片火把把那片荒芜的山冈照耀得如同白昼,王耀武一边看着士兵们急急地挖掘,心里仍然充满了疑团:真的是那个著名的游击专家吗?那个18岁就当上红军师长,22岁就担任红军第7军团军团长的名将?

所有的挖掘声突然在一瞬间停止,王耀武在这一片寂静里趋步上前,看见墓穴里有一张年轻苍白的脸。猛然,他吃惊地问:"他为什么光着身子,谁剥走了他的衣服?"

没有人能回答他的问题,好半天,才看见副官匆匆赶来向他报告:"我已经询问过俘虏,这支红军部队早在一个月前就已弹尽粮绝。寻淮洲亲自下了命令:所有战死者的衣服一律留给活着的战友,他自己也不能例外。"

王耀武吃惊地抬起脑袋,火光里映出了他瞪得溜圆的眼睛……14年后,国民党第二绥靖区司令官兼山东省主席、战犯王耀武在济南被俘。

心灵体验

本文通过一名国民党将军的视角,讲述了一个耐人回味的故事。文章描写生动真实、层层铺垫,表达了震撼人心的主题:红军的胜利缘于严明的纪律、团结的精神。这种精神可以说是每一个人的信仰,它使红军战胜了先进的武器、战胜了严酷的环境。

放飞思维

1. 红军战士前仆后继地去救寻淮洲，可结果还是没有救活他，这种牺牲，你认为值得吗？为什么？
2. 文章描写炸断的手和身首异处的士兵的眼神有什么作用？

只要你想就能做到

◆[德]海因利希·伯尔

我凝望着挂在门框旁边的一张画：一片银光闪闪的湖面，一个披着湿淋淋金色头发的水妖从湖面露出身来，冲着一个躲在深绿丛林中的农家少年微笑。我可以隐约看见女妖的左乳房，她的脖子很白，稍微有点儿长。

到1950年春天，我才从前线复员回家，但是在城里再找不到一个熟人了。幸亏我父母给我留下一点儿钱。我在城里租了一间房子，躺在床上，抽着烟等候，但也不知道等候什么。去工作嘛，又没有兴趣，我把钱交给房东太太，让她为我张罗一切，为我做饭。她每次把咖啡和食物给我端进房间来时，老是呆着不走，使我很不耐烦。她儿子在一个叫卡林诺夫卡的地方牺牲了。她一进屋，把餐盘往桌上一放，就走到我摆床的那个阴暗角落里去。我一直在那儿打盹过日子，在墙上按烟蒂头，弄得床后那面墙上全是黑印子。房东太太又白又瘦，她的脸在我床那边的微光中显出来，我真有点儿害怕她。开始我还以为她疯了，因为她的眼睛很亮很大，她一而再、再而三地向我打听她的儿子："您真的不认识他吗？那地方叫卡林诺夫卡，您不是到过那里吗？"

可我从没听说过叫卡林诺夫卡的地方，每次我总是转身冲着墙说："真的不认识，我记不起了。"

我的房东太太并没有疯，她是一个十分端庄的妇人。她一问我，我就难受。她常常一天问几次，我要是到厨房里去，总得瞧瞧挂在沙发上面的她儿子那张彩色照片。他是一个爱笑的、浅色头发的小伙子，在这张彩色照片中，他穿着一身外出的步兵制服。

"这是他开往前线之前，在驻地照的。"房东太太说。

这是一张半身像：他戴着钢盔，身后可以清楚看到一座假的破碉堡，上面还爬满了人造的葡萄藤。

"他原来在电车上当售票员,"房东太太说,"一个勤快的孩子。"接着她便把摆在缝纫机上,破布和线团中间的那个装满照片的盒子端出来。而我则不得不把她儿子的许多照片接到手里:都是些团体照,每张都有一个男孩坐在前排,膝盖上放一块石板,石板上写着一个Ⅵ字,一个Ⅶ字,最后一个Ⅷ字,另外单用一根红橡皮筋捆着的,是圣餐照。一个穿着礼服似的黑色制服的微笑的孩子,手里拿着一根大蜡烛,他就这样站在画有金色圣餐杯的薄幕前面。然后是他当锁匠学徒时在车床前的照片,瞧他满脸油污,手里还攥着一把锉刀。

"这可不是他干得了的,"房东太太说,"太重了。"她又给我瞧他当兵之前的最后一张照片:他穿着电车售票员的制服,站在终点站一辆9路车旁边,铁轨在那里呈圆弧形,我认得那个冷饮摊子,没打仗的时候,我常在那里买香烟,我还认得那些白杨树,今天还在那儿;我看见大门上画着金色狮子的别墅,它今天可不存在了;我还记得我战时常常想念的那个姑娘:她漂亮,苍白,眯眼睛,总是在9路终点站上车。

每次我总把我房东太太的儿子那张在9路终点站照的照片瞧很久,我想起了许多事情:想起了那个姑娘,想起了我当时上工的肥皂厂,我听见电车在尖叫,看见我夏天在摊子上喝过的红色柠檬水,绿色的香烟广告牌,还有那个姑娘。

"说不定,"我的房东太太说,"您当真认得他。"

我摇摇头,把那张照片放回到盒子里:那是一张加光照片,看起来还很新,虽然是8年前照的。

"不会,不会,"我说,"就是卡林诺夫卡——我也真的不知道。"

我不得不常到厨房里去找她,她也常常到我房间里来,这样我就整天在想着我要忘掉的事情:战争——于是我把烟灰往床后一摔,对着墙把烟蒂按灭。

有时,我晚上躺在那儿,听见隔壁房间有一个姑娘的脚步声,或者听见住在厨房隔壁房间的南斯拉夫人,听见他在进房之前一面咒骂,一面摸索着电灯开关。

直到我在那儿住了3个星期,大约第15次把卡尔的照片放在手里,我才看到他笑着挎着票款袋,停在前面的那辆电车并不是空的。我第一次聚精会神地瞧着这张照片,看见车子里面有一个微笑的姑娘也给照进来了。这就是我战时常常想念的那个漂亮姑娘。房东太太冲着我走过来,注意地望着我的脸,说道:"您认得他吧,是不是?"接着,她走到我身后,从我的肩膀上瞧照片,她身上系着的围裙从我身后扑来了一阵新鲜豌豆的气味。

"不认得他,"我轻声地说,"可认得那个姑娘。"

"哪个姑娘?"她说,"那是他的未婚妻,但他再见不着她,也许倒是好事。"

"为什么呢?"我问。

她不回答我,从我身边走开去,坐在窗旁的椅子上,继续剥豌豆。她不望我,说道:"您认识那个姑娘吗?"

我手里拿着照片,盯着房东太太,给她讲了肥皂厂,讲了9路终点站,还讲了老在那儿上车的漂亮姑娘。

"没有别的了?"

"没有了。"我说。她便把豌豆往筛子里一倒顺手把水龙头拧开,我只能看见她那瘦削的腰身。

"要是您再见到她,您会懂得为什么他再见不到她倒好。"

"再见到她?"我说。

她把手在围裙上揩干,向我走过来,小心翼翼地把照片从我手里拿走。她的面庞看来更瘦削了,她的眼睛打我身上扫过,但她却把手轻轻地放在我的左臂上。"她,安娜,就住在你隔壁的房间。我们老是管她叫苍白的安娜,因为她有那么一张白脸。您真的还没有见到过她吗?"

"没有,"我说,"我还没有看见她,可听见她好几次了。她怎么啦?"

"我不想说,但您知道一下也好。她的脸完全毁了,满脸都是疤——她被爆炸气浪甩进了一个橱窗。您认不得她了。"

晚上我等了很久,才听到过道上有脚步声,但第一次我失望了:那是高大的南斯拉夫人,他看我突然冲到过道上来,不胜惊讶地望着我。我难为情地道了一声"晚安",赶忙退回到自己的房间里去。

我努力想像她那结疤的脸,但想像不出来;每当我看见它,它总是一张美丽的脸,哪怕结了疤。我想起了肥皂厂,想起了我的父母,想起了另一个我当时常常陪着出去玩的姑娘。她叫伊莉莎白,可要我管她叫"木子"。我吻她的时候,她老是笑,使我感到很尴尬。我从前线给她写过明信片,她给我寄过家里烤的饼干,一到都挤碎了。她还给我寄过烟卷和报纸,她在一封信中写道:"你们会打赢的,你参加了,我感到骄傲。"

我参加了,可我自己一点儿也不感到骄傲。我休假的时候,没有写信告诉她,却陪着住在我家的一个香烟商的女儿出去玩。我把我从厂里弄到的肥皂送给香烟商的女儿,她把香烟送给我,我们一起去看电影,去跳舞。有一次,她父母出去了,她把我引到她的房间,我在黑暗中把她按到了睡椅上;但我往她身上一扑,她却把电灯拧开了,狡猾地冲着我微笑。我在刺眼的灯光中看到墙上挂着希特勒,一张彩色照片。希特勒的周围,粉红色的糊墙纸上,按照一颗心的形状,悬挂着一些面目冷酷的人,一些用图钉钉着的明信片,那些头戴钢盔的人都是从报上剪下来的,我让那个姑娘躺在睡椅上,点燃一根烟,就走出去了。后来,两个姑娘都往前线给我写过明信片，信上说我太不懂礼貌，但我没给她们回信……

我等着安娜，等着等着，在黑暗中抽了很多烟，想起了很多事情。当钥匙塞进锁孔的时候，我却慌得来不及站起来，也没看清她的脸。我听见她打开了房门，在房间里走来走去，悄悄地哼着歌曲，后来，我站了起来，到过道上去等着。一下子她的房间里沉寂下来，她不再走来走去，也不再唱了，我害怕去敲她的门。我却听见那个高大的南斯拉夫人在他房间里咕哝着走来走去，听见房东太太厨房里的水在沸腾。但安娜的房间里仍然是沉寂一片，我从我的打开的房门望见，糊墙纸上有许多按灭烟蒂头时留下的黑印子。

高大的南斯拉夫人已经躺上了床，我再听不见他的脚步声了，只听见他还在咕咕哝哝；房东太太厨房里的水壶也不再沸腾了，我听见房东太太给咖啡壶盖盖子的金属声。安娜的房间里仍然是沉寂一片，我忽然想到，她将来会把我站在她门外时她所想的一切都告诉我，她后来果然把一切都告诉了我。

我凝望着挂在门框旁边的一张画：一片银光闪闪的湖面，一个披着湿淋淋金色头发的水妖从湖面露出身来，冲着一个躲在深绿丛林中的农家少年微笑。我可以隐约看见女妖的左乳房，她的脖子很白，稍微有点儿长。

我不知道是什么时候但有一次我终于把手放在门柄上，我还没有往下转门柄，就把门轻轻推开了，我知道我已经得到了安娜：她的脸布满了有点儿发青的、放亮的小疤痕，锅里煨蘑菇的气味从她房间里散发出来。我把门完全打开，把手放在安娜的肩头，努力现出笑容来。

心灵体验

巧妙地将三个发生在不同时间和空间的故事联系起来，让故事套故事，避免了平淡的叙述和台词式的说教给人的单调感，扩大了小说容量，丰富了表现内容。

作者在不到3500字的小说中，表现了三个人的命运，刻画了三个个性鲜明的形象，并将历史感、形象感自然和谐地融为一体，表现了作者高超的叙事技巧。

放飞思维

1. 你了解哪些惯于描写第二次世界大战的作家？如果有兴趣，找出一些写二战中的人与事的世界名著来阅读，增进自己对战争历史的了解，增强对和平的认识。

2. 这篇小说结构上具有鲜明的特色，运用了两种叙述方法。说说这种结构安排对于文章的表达具有什么好处。

3. 你觉得这篇文章写得怎么样？谈谈你对战争的看法。

二

历史是汹涌的潮汐，它呼啸着冲上沙滩时，人人都为之惊叹。它悄然退落时，许多人竟会忘却它的磅礴，忘却它曾经汹涌过，呼啸过。然而海滩忠实地记录着它的足迹，没有什么力量能将这足迹擦去。

历史的铿锵足音

那关键的一秒钟就是这样进行了可怕的报复。在尘世的生活中,这样的一瞬间是很少降临的。当它无意之中降临到一个人身上时,他却不知如何利用它。在命运降临的伟大瞬间,市民的一切美德——小心、顺从、勤勉、谨慎,都无济于事。命运鄙视地把畏首畏尾的人拒之门外。命运——这世上的另一位神,只愿意用热烈的双臂把勇敢者高高举起,送上英雄们的天堂。

——《滑铁卢之战》

致命的延误
——对英作战

◆［英］麦卡西

> 毫不夸张地说，德国致命的失误就是未能入侵英国并使之退出战争。

德国未能在1940年入侵英国的主要原因极可能是缺乏思想准备，因为这事是战争爆发以后才碰到的。德国退缩的另一个原因可能是情报贫乏，尽管当时法国已经快要崩溃，英国远征军也已注定要覆没。由于没有战略上的考虑，针对英国的情报工作一直是低水平的。1940年夏季，德国人对英国的实力和部署都没弄清楚，更不用说士气和作战计划了，而且他们从未设法填补这一情报真空。

英国方面对德国的现状也是所知甚少，虽然在6月份他们就相信入侵已无法避免。1939年11月，由于粗心大意，英国的一些重要间谍被德国人抓获了，由此引发了一系列的灾难，加上后来德军征服了欧洲，英国失去了最优秀的情报来源。只要看看有关的史记，人们就可以发现，不列颠战役之前和刚开始的一段时间里，英国对德经济和工业产量的估计远远超过了实际的情况，简直是在暗示自己的末日；至于军力的估计，尤其是德国空军，他们也明显夸大了。当然，德国一征服西欧，人们就意识到其经济实力得到了极大的加强，可是估计有5,000架飞机的德国空军（事实上1940年8月1日只有2,800架）不可避免地会对战斗航空兵司令道丁的防御措施产生制约作用。

起初，双方都觉得空军是入侵行动的关键。6月，英国人的确害怕德军会像凯塞林设想的那样用空降兵突袭。德国没有立即（最晚应在7月初）采取行动真是大错特错，因为皇家海军在敦刻尔克撤退以后长期处于低潮，既要保卫海岸线，击沉法国舰队（不让德军染指），又要为运送食品、原料和武器的船队护航，本土舰队及其官兵均已极度疲劳；陆军只能集中200余辆重、中型坦克和300辆轻型坦克，外加786门野炮和167门反坦克炮，而且使用这些武器的单位尚未从法国战乱中清醒过来；皇家空军的雷达预警系统还未完工，单引擎战斗机在法国损失惨重（6月4日，预备机库仅剩36架），眼下只有1,000架左右，受到训练的飞行员不足1,200人。当时每天可生产15架战斗机，可只能每天培养5名飞行员。

自然，德国人是不可能完全掌握英国的上述弱点的，但他们已经意识到德国

31

单引擎战斗机较之英国飞机占绝对优势。并且德国人大肆吹嘘他们飞行员的丰富经验和高超战术。根据在法国缴获的一切，他们不难判断出英军的损失。而且，根据轰炸效果的研究，德国人理应看到空军没有自吹的那么有效。然而，戈林仍然吹嘘，他的部下可以凭自己的力量让英国屈服，德国海军和陆军只需象征性渡海打扫战场。在此以前，德国空军在波兰战役中再三失误；在西线作战中，空中优势也是等地面部队攻占了敌人预警系统和全部机场后才取得的。海、陆军均表示把戈林的许诺作为采取行动的先决条件。海军司令部更希望他失手，免得自己跟着玩命，陆军则兴致勃勃地把这件事当做自己擅长的渡河演习。

由于取消了7月初进攻英国的计划，德国从未察觉英国部署上的种种混乱（如果5月21日雷德尔征求希特勒的意见时，答复是肯定的，德国还来得及在7月初攻占英国）。英国情报机关由于对德军部署不甚明了，对德军计划一无所知，迟至10月还判断侵英部队将在波罗的海和北海港口集结，在东盎格鲁实施主要登陆。无人知道这一猜测的由来，因为在没有空儿拍照片的日子里不得不靠猜测（直到10月逆火式高空远程侦察机才问世）。也许是为敦刻尔克前的部署找借口；也许从《沙筛》小说中获取了某些灵感，该书虚构了第一次世界大战前夕类似的方案。纵使德国人像天真的情报预测的那样在多佛海峡最短、最易保障又最易暴露的地段实施登陆，英国的防御，除了惟一的战斗机力量，均极其薄弱。

这些防御，究竟毛病出在哪里？当时皇家海军和陆军的动向可使我们略知一二。本土舰队司令查尔斯·福比斯上将，经海军司令部同意，打算把主力舰队留在斯卡帕弗罗（除非德国舰队倾巢出动）。北海的防御，全靠散布在泰恩至希尔内斯4个港口的巡洋舰和驱逐舰，多佛仅有5艘驱逐舰，朴次茅斯也是5艘。福比斯决意不顾一切又理由充分地避免将大型舰只投入水深偏浅、气候恶劣、布满水雷的英吉利海峡。德军对多佛的猛烈轰炸一开始，一艘驱逐舰就被击沉了，其他几艘遭到不同程度的破坏，他立即将军舰调回朴次茅斯，使肯特和萨塞克斯门户洞开。至于肯特的防御（德军企图用空、海运在第一天登陆4个师），只有一个装备不足、缺乏经验的师，而且获准在敌人占领滩头阵地后撤至伦敦外围的GHQ防线——因为别无他法。这就是7月份英国东南前线卫士的心理状态。到了9月份，尽管航空照片不断显示安特卫普至瑟堡一线的大批船队，尽管多佛崖顶的观察哨可以数出顺流而下的敌船数目，英国人的心理并未发生多大变化。基于原先的错误判断，海军把这些船队解释为正常的贸易活动，"可能是解决什么运河堵塞问题"，迟至9月12日，他们仍认为"有些船可能开往西班牙或葡萄牙"。

英国在9月份抵抗德国的能力比7月份是增强了许多。然而仍有很多将领怀疑德国可以渡过海峡，南部沿海再次征兵备战。漫漫长夜和逐渐恶劣的气候使德国海军的任务日趋艰难,关键是,德国空军已无力摧毁英国的防空体系,6、7两个月使英国有了足够的喘息时间来提高雷达的功率,制造1000余架战斗机和更多的高射炮来保护重点目标。此时,德国空军又犯了一个常识性的错误——不再把消灭皇家空军作为主要目标,这与院校教育和作战条令的要求是背道而驰的。

因此,不列颠空战的周期远没有英国官方历史和其他记载描述得那么长。9月6日,当德军舰队还在集结的时候,戈林根据其飞行员击落敌机的夸张统计得出了几乎没有反对意见的错误结论——皇家空军已全军覆没。他就是差了一点点。英国有的机场是不能用了,其他的也被炸得七零八落,处处可见起重机在抢修跑道。通讯网络和预警系统均已告急。事实上,如果德国人根据以往的经验意识到不可能单靠轰炸全部摧毁雷达设施,英国防空体系就可能永远失去作用。即使在有雷达的情况下,英国战斗机的战损也超过了他们的对手(主要因为地面机场被炸后保养设施很不健全)。更令人担心的是,英国急需训练有素的飞行员,他们只有少数飞行员掌握了击落敌机的技术;多数人只能成为在数量和质量上均占优势的德军飞行员的活靶子。如果德军继续攻击英军机场并迫使皇家战斗机在从法国起飞的德军战斗机的作战半径内较量的话,道丁上将的战斗航空兵肯定会被赶出南英格兰地区。无论如何德军是可以成功登陆的。

当戈林突然将轰炸目标从机场转移到伦敦港和市区以后,一切都改变了。轰炸不仅没有吓倒民众,机场不仅得以恢复,整个空战的优劣势完全逆转了。为了护送轰炸机抵达伦敦,德国战斗机不得不在燃料不足、被动的条件下作战,而英国战斗机则可以从容地占领有利高度,主动出击。从9月7日伦敦遭到首次轰炸开始,皇家空军仅用了一周时间就恢复了战斗机力量。再过一周以后,德国空军已不是对手,只能采取偷袭和夜间轰炸的手段。入侵计划就这样不可避免地被推迟、取消了。

毫不夸张地说,德国致命的失误就是未能入侵英国并使之退出战争。假设德国在1940年实现了这一目标,希特勒就可以放手收拾其他国家,皇家海军也难脱厄运。也许在他建立德国垄断的欧洲合众国时,大不列颠帝国的主要利益均已落入德国的魔掌。不管怎样,美国总统肯定会支持肯尼迪大使的意见,从英撤出全部援助,以求得与一个洲际大国的某种协议。该国如果想解决苏俄的话(希特勒决心已定),那恐怕就势不可挡了。

心灵体验

这是二次世界大战中的一个片断。作者着重分析了德国在二战中对英战略的失误。如果德国没有犯延缓入侵英国这样关键的错误,或者亡羊补牢,继续打击英国的空军力量和地勤设施,那二战的结果就真的要改写了。

33

穿·行·在·历·史·丛·林·中

作者文笔犀利，思路开阔敏锐，读后让人久久难以忘记。

放飞思维

1. 德国在对英国作战问题上具体有哪些失误？
2. 生活中难免有失误，它的确让人遗憾，但也可以让我们得到教训。试说说你曾有过的失误以及从中得到的教训。

滑铁卢之战

◆ [奥地利]斯蒂芬·茨威格

两只表在双方的统帅手中，像小鸟的心脏似的在嘀嗒嘀嗒地响。这轻轻的钟表声超过所有震天的吼叫声。

滑铁卢的上午

时间已是上午9点钟，但部队尚未全部到齐。下了3天的雨，地上又湿又软，行路困难，妨碍了炮兵的转移。到这时候，太阳才渐渐地从阴云中露出来，照耀着大地。空中刮着大风。今天的太阳可不像当年奥斯特里茨的太阳那样金光灿烂，预兆着吉祥。今天的太阳只散射出淡黄色的微光，显得阴郁无力。这是北方的阳光。部队终于准备就绪，处于待命状态。战役打响以前，拿破仑又一次骑着自己的白色牝马沿着前线，从头至尾检阅一番。在呼啸的寒风里，旗手们举起战旗，骑兵们英武地挥动战刀，步兵们用刺刀尖挑起自己的熊皮军帽，向皇帝致意。所有的战鼓狂热地敲响，所有军号都对着自己的统帅快乐地吹出清亮的号音。但是，盖过这一切响彻四方声音的，却是雷鸣般的欢呼声，它从各个师团滚滚而来。这是从7万士兵的喉咙里迸发出来，低沉而又洪亮的欢呼声："皇帝万岁！"

20年来，拿破仑进行过无数次检阅，从未有像他这最后一次检阅这样壮观、热烈。欢呼声刚一消失，11点钟——比预定时间晚了2小时，而这恰恰是致命的2小时！——炮手们接到命令：用榴弹炮轰击山头上的身穿红衣的英国士兵。接着，内伊——这位"雄中之杰"，率领步兵发起冲锋。决定拿破仑命运的时刻开始了。关于这次战役，曾经有过无数的描述。但人们似乎从不厌倦去阅读关于它的各种各

34

样激动人心的记载，一会儿去读司各特写的鸿篇巨制，一会儿去读司汤达写的片断插曲。这次战役，无论是从远看，还是从近看，无论是从统帅的山头上看，还是从盔甲骑兵的马鞍上看，它都是伟大的，具有多方面的意义。它是一部扣人心弦的富于戏剧性的艺术杰作；一会儿陷入畏惧，一会儿又充满希望，两者不停地变换着位置，最后，这种变换突然成了一场灭顶之灾。这次战役是真正悲剧的典型。因为欧洲的命运全系在拿破仑这一个人的命运上，拿破仑的存在，犹如节日迷人的焰火，它像爆竹一样，在倏然坠地、永远熄灭之前，又再次冲上云霄。

　　从上午 11 点至下午 1 点，法军师团向高地进攻，一度占领了村庄和阵地，但又被击退下来，继而又发起进攻。在空旷、泥泞的山坡上已覆盖着 10000 具尸体。可是除了大量消耗以外，什么也没有达到。双方的军队都已疲惫不堪。双方的统帅都焦虑不安。双方都知道，谁先得到增援，谁就是胜利者。威灵顿等待着布吕歇尔的部队；拿破仑盼望着格鲁希；拿破仑心情焦灼，不时端起望远镜；接二连三地派传令兵到格鲁希那里去；一旦他的这位元帅及时赶到，那么奥斯特里茨的太阳将会重新在法兰西上空照耀。

　　但是，格鲁希并未意识到拿破仑的命运掌握在他手中，他只是遵照命令于 6 月 17 日晚间出发，按预计方向去追击普鲁士军。雨已经停止。那些昨天才第一次尝到火药味的年轻连队士兵，在无忧无虑地、慢腾腾地行走着，好像是在一个和平的国度里，因为敌人始终没有出现，被击溃的普军撤退的踪迹也始终没有找到。

　　正当格鲁希元帅在一户农民家里急急忙忙进早餐时，他脚底下的地面突然微微震动起来。所有的人都悉心细听。从远处一再传来沉闷的、渐渐消失的声音：这是大炮的声音，是远处炮兵正在开炮的声音，不过并不太远，至多只有 3 小时的路程。几个军官用印第安人的姿势伏在地上，试图进一步听清方向。从远处传来的沉闷回声依然不停地隆隆滚来。这是圣让山上的炮火声，是滑铁卢战役开始的声音。格鲁希征求意见。副司令热拉尔急切地要求："立即向开炮的方向前进！"第二个发言的军官也赞同说：赶紧向开炮的方向转移，只是要快！所有的人都毫不怀疑：皇帝已经向英军发起攻击了，一次重大的战役已经开始。可是格鲁希却拿不定主意。他习惯于惟命是从，他胆小怕事地死抱着写在纸上的条文——皇帝的命令：追击撤退的普军。热拉尔看到他如此犹豫不决，便激动起来，急冲冲地说："赶快向开炮的地方前进！"这位副司令当着 20 名军官和平民的面提出这样的要求，说话的口气简直像是在下命令，而不是在请求。这使格鲁希非常不快。他用更为严厉和生硬的语气说，在皇帝撤回成命以前，他决不偏离自己的责任。军官们绝望了，而隆隆的大炮声却在这时不祥地沉默下来。

　　热拉尔只能尽最后的努力。他恳切地请求：至少能让他率领自己的一师部队和若干骑兵到那战场上去。他说他能保证及时赶到。格鲁希考虑了一下。他只考虑了一秒钟。

决定世界历史的一瞬间

然而格鲁希考虑的这一秒钟却决定了他自己的命运、拿破仑的命运和世界的命运。在瓦尔海姆的一家农舍里逝去的这一秒钟决定了整个19世纪。而这一秒钟全取决于这个迂腐庸人的一张嘴巴。这一秒钟全掌握在这双神经质地揉皱了皇帝命令的手中。——这是多么的不幸！倘若格鲁希在这刹那之间有勇气、有魄力、不拘泥于皇帝的命令，而是相信自己、相信显而易见的信号，那么法国也就得救了。可惜这个毫无主见的家伙只会始终听命于写在纸上的条文，而从不会听从命运的召唤。

格鲁希使劲地摇了摇手。他说，把这样一支小部队再分散兵力是不负责任的，他的任务是追击普军，而不是其他。就这样，他拒绝了这一违背皇帝命令的行动。军官们闷闷不乐地沉默了。在他周围鸦雀无声，而决定性的一秒钟就在这一片静默之中消逝了，它一去不复返，以后，无论用怎样的言辞和行动都无法弥补这一秒钟。——威灵顿胜利了。

格鲁希的部队继续往前走。热拉尔和旺达姆愤怒地紧握着拳头。不久，格鲁希自己也不安起来，随着一小时一小时的过去，他越来越没有把握，因为令人奇怪的是，普军始终没有出现。显然，他们离开了退往布鲁塞尔去的方向。接着，情报人员报告了种种可疑的迹象，说明普军在撤退过程中已分几路转移到了正在激战的战场。如果这时候格鲁希赶紧率领队伍去增援皇帝，还是来得及的。但他只是怀着愈来愈不安的心情，依然等待着消息，等待着皇帝要他返回的命令。可是没有消息来。只有低沉的隆隆炮声震颤着大地，炮声却愈来愈远。孤注一掷的滑铁卢搏斗正在进行，炮弹便是投下来的铁色子。

滑铁卢的下午

时间已经到了下午1点钟。拿破仑的4次进攻虽然被击退下来，但威灵顿主阵地的防线显然也出现了空隙。拿破仑正准备发起一次决定性的攻击。他加强了对英军阵地的炮击。在炮火的硝烟像屏幕似的拦住山头以前，拿破仑向战场最后看了一遍。

这时，他发现东北方向有一股黑的人群迎面奔来，像是从树林里窜出来的。一支新的部队！所有的望远镜都立刻对准着这个方向。难道是格鲁希大胆地违背命令，奇迹般地及时赶到了？可是，不！一个带上来的俘虏报告说，这是布吕歇尔将军的前卫部队，是普鲁士军队。此刻，皇帝第一次预感到，那支被击溃的普军为了抢先与英军会合，已摆脱了追击；而他——拿破仑自己却用了三分之一的兵力在空地上作毫无用处、失去目标的运动。他立即给格鲁希写了一封信，命令他不惜一切代价赶紧与自己靠拢，并阻止普军向威灵顿的战场集结。

与此同时，内伊元帅又接到了进攻的命令。必须在普军到达以前歼灭威灵顿部队。获胜的机会突然之间大大减少了。此时此刻，不管下多大的赌注，都不能算是冒险。整个下午，向威灵顿的高地发起了一次又一次的冲锋。战斗一次比一次残酷，投入的步兵一次比一次多。他们几次冲进被炮弹炸毁的村庄，又几次被击退出来，随后又擎着飘扬的旗帜向着已被击散的方阵蜂拥而上。但是威灵顿依旧岿然不动而格鲁希那边却始终没有消息来。当拿破仑看到普军的前卫正在渐渐逼近时，他心神不安地喃喃低语："格鲁希在哪里？他究竟停在什么地方？"他手下的指挥官们也都变得急不可耐。内伊元帅已决定把全部队伍都拉上去，决一死战（他的乘骑已有3匹被击毙）——他是那样的鲁莽勇敢，而格鲁希又是那样的优柔寡断。内伊把全部骑兵投入战斗。于是，10000名殊死一战的盔甲骑兵和步骑兵踩烂了英军的方阵，砍死了英军的炮手，冲破了英军的最初几道防线。虽然他们自己再次被迫撤退，但英军的战斗力已濒于殆尽。山头上像箍桶似的严密防线开始松散了。当受到重大伤亡的法军骑兵被炮火击退下来时，拿破仑的最后预备队——老近卫军正步履艰难地向山头进攻。欧洲的命运全系在能否攻占这一山头上。

决 战

自上午以来，双方的400门大炮不停地轰击着。前线响彻骑兵队向开火的方阵冲杀的铁蹄声。从四面八方传来的咚咚战鼓声，震耳欲聋，整个平原都在颤动！但是在双方的山头上，双方的统帅似乎都听不见这嘈杂的人声。他们只是倾听着更为微弱的声音。

两只表在双方的统帅手中，像小鸟的心脏似的在嘀嗒嘀嗒地响。这轻轻的钟表声超过所有震天的吼叫声。拿破仑和威灵顿各自拿着自己的计时器，数着每一小时，每一分钟，计算着还有多少时间，最后的决定性的增援部队就该到达了。威灵顿知道布吕歇尔就在附近。而拿破仑则希望格鲁希也在附近。现在双方都已没有后备部队了。谁的增援部队先到，谁就赢得这次战役的胜利。两位统帅都在用望远镜观察着树林边缘。现在，普军的先头部队像一阵烟似的开始在那里出现。难道这仅仅是一些被格鲁希追击的散兵?还是被追击的普军主力?这会儿,英军只能作最后的抵抗了,而法军也已精疲力竭。就像两个气喘吁吁的摔跤对手,双臂都已瘫软,在进行最后一次较量前,喘着一口气,决定性的最后一个回合已经来到。

普军的侧翼终于响起了枪击声。难道发生了遭遇战?只听见轻火器的声音!拿破仑深深地吸了一口气:"格鲁希终于来了!"他以为自己的侧翼现在已有了保护,于是集中了最后剩下的全部兵力,向威灵顿的主阵地再次发起攻击。这主阵地就是布鲁塞尔的门户,必须将它摧毁,这主阵地就是欧洲的大门,必须将它冲破。

然而刚才那一阵枪声仅仅是一场误会。由于汉诺威兵团穿着别样的军装,前来的普军向汉诺威士兵开了枪。但这场误会的遭遇战很快就停止了。现在,普军的大批人马毫无阻挡地、浩浩荡荡地从树林里穿出来。——迎面而来的根本不是格鲁希率领的部队,而是布吕歇尔的普军。厄运就此降临了。这一消息飞快地在拿破仑的部队中传开。部队开始退却,但还有一定的秩序。而威灵顿却抓住这一关键时刻,骑着马,走到坚守住的山头前沿,脱下帽子,在头上向着退却的敌人挥动。他的士兵立刻明白了这一预示着胜利的手势。所有剩下的英军一下子全部跃身而起。向着溃退的敌人冲击。与此同时,普鲁士骑兵也从侧面向仓皇逃窜、疲于奔命的法军冲杀过去,只听得一片惊恐的尖叫声:"各自逃命吧!"仅仅几分钟的工夫,这支军威赫赫的部队变成了一股被人驱赶的抱头鼠窜、惊慌失措的人流。它卷走了一切,也卷走了拿破仑本人。策鞭追赶的骑兵对待这股迅速向后奔跑的人流,就像对待毫无抵抗、毫无感觉的流水,猛击猛打。在一片惊恐的混乱叫喊声中,他们轻而易举地捕获了拿破仑的御用马车和全军的贵重财物,俘虏了全部炮兵。只是由于黑夜的降临,才拯救了拿破仑的性命和自由。一直到半夜,满身污垢、头昏目眩的拿破仑才在一家低矮的乡村客店里,疲倦地躺坐在扶手软椅上,这时,他已不再是个皇帝了。他的帝国、他的皇朝、他的命运全完了。一个微不足道的小人物的怯懦毁坏了他这个最有胆识、最有远见的人物在20年里所建立起来的全部英雄业绩。

尾 声

到了第二天,只有一个人还丝毫不知滑铁卢发生的事,尽管他离这个决定命运的地方只有4小时的路程。他就是格鲁希。他还一直死抱着那道追击普军的命令。奇怪的是,他始终没有找到普军。这使他忐忑不安。近处传来的炮声越来越响,好像它们在大声呼救似的。大地震颤着。每一炮都像是打进自己的心里。现在人人都已明白这绝不是什么小小的遭遇战,而是一次巨大的战役,一次决定性的战役已经打响。

格鲁希骑着马,在自己的军官们中间惶惶惑惑地行走。军官们都避免同他商谈,因为他们先前的建议完全被他置之不理。

当他们在瓦弗附近遇到一支孤立的普军——布吕歇尔的后卫部队时,全都以为挽救的机会到了,于是发狂似的向普军的防御工事冲去。随着黑夜的降临,格鲁希的部队攻占了村庄,但他们似乎感到,对这支小小的后卫部队所取得的胜利,已不再有任何意义。因为在那边的战场上突然变得一片寂静。格鲁希现在才终于收到那张拿破仑写来的要他到滑铁卢紧急增援的便条。滑铁卢一仗想必是一次决定性的战役,可是谁赢得了这次巨大战役的胜利呢?格鲁希的部队又等了整整一夜,完全是白等!从滑铁卢那边再也没有消息来。好像这支伟大的军队已经将他们遗忘。他们毫无意义地站立在伸手不见五指的黑夜中,周围空空荡荡。清晨,他们拆除营地,继续行军。他们个个累得要死,并且早已意识到,他们的一切行军和运动完全是漫无目的的。上午10点钟,总参谋部的一个军官终于骑着马奔驰而来。他们把他扶下马,向他提出一大堆问题,可是他却满脸惊慌的神色,两鬓头发湿漉漉的,由于过度紧张,全身颤抖着……听完了他的令人沮丧颓唐、甚至使人瘫痪的报告,格鲁希面色苍白,全身颤抖,用军刀支撑着自己的身体。他知道自己殉难成仁的时刻来临了。他决心承担起力不从心的任务,以弥补自己的全部过失。

错过了那一秒钟的格鲁希,在现在这一小时内又表现出了军人的全部力量——可惜太晚了!当他重新恢复了自信而不再拘泥于成文的命令之后,他的全部崇高美德——审慎、干练、周密、责任心,都表现得清清楚楚。他虽然被5倍于自己的敌军包围,却能率领自己的部队突围归来,而不损失一兵一卒,不丢失一门大炮——堪称卓绝的指挥。他要去拯救法兰西,去解救拿破仑帝国的最后一支军队。可是当他回到那里时,皇帝已经不在了。他来得太晚了!永远是太晚了!

那关键的一秒钟就是这样进行了可怕的报复。在尘世的生活中,这样的一瞬间是很少降临的。当它无意之中降临到一个人身上时,他却不知如何利用它。在命运降临的伟大瞬间,市民的一切美德——小心、顺从、勤勉、谨慎,都无济于事。命运鄙视地把畏首畏尾的人拒之门外。命运——这世上的另一位神,只愿意用热烈的双臂把勇敢者高高举起,送上英雄们的天堂。

心灵体验　　滑铁卢战役是世界军事史上一次重要的战役,这篇报告文学对此进行了生动的描述。全文把工笔细描和大笔勾勒结合在一起,既有全场景的鸟瞰,又有关键细部的特写镜头,纵横捭阖,错落有致。

放飞思维

1. 作者认为"格鲁希考虑的这一秒钟却决定了他自己的命运、拿破仑的命运和世界的命运"。这一秒钟真的能决定这一切吗？谈谈你的看法。

2. 查找资料，了解滑铁卢战役产生的背景和对法国、欧洲和世界历史的发展产生的影响，并分析拿破仑失败的因素。

没有金牌的第一届奥运会

◆周 执

当身着浅蓝背心的希腊人斯皮里东·路易斯第一个冲入运动场时，全场雀跃，欢声雷动。担任大会总裁判的王储康士坦丁情不自禁地陪着路易斯跑向终点，国王乔治一世也步下观礼台，迎接这位凯旋的英雄。

1894年6月，经过巴黎国际体育会议协商，希腊雅典赢得了首届现代奥运会主办权。

当国际奥委会第一任主席泽·维恺撒斯把召开奥运会的喜讯带回雅典时，从布林底西到雅典，人们都在兴高采烈地谈论着奥运会。但实际上由于自从1839年独立战争结束以后，希腊经济一直未能缓过劲儿来，还背负着沉重的外债负担，所以遭到了首相特里库皮斯的反对，要求缓办奥运会，这对泽·维恺撒斯来说无异于当头棒喝。

顾拜旦得知这一消息后，心急如焚，从巴黎坐火车到达马赛，然后乘轮船奔赴雅典。到达雅典后，当他看到断垣残壁、满目荒凉的景象时，心一下凉了半截。在这样的废墟上重建运动场是需要一大笔资金的。顾拜旦是一个意志顽强的人，他抱着一线希望求助于希腊王储。希腊王储康士坦丁，是一个26岁的英俊青年，孔武有力，喜爱运动。王储被顾拜旦说服，接管了筹备奥运会的一切工作，从而迫使特里库皮斯辞去了首相职务。在顾拜旦和希腊王储康士坦丁坚持不懈的努力下，奥运会终于如期举行。

1896年4月6日，在庄严的古典弦乐中，希腊国王乔治一世宣布了第一届现代奥林匹克运动会开幕，在8万人的欢呼中拉开了现代体育最重要的大幕。这是历届奥运会举行月份最早的一次,东道主之所以选择这一天是为了纪念希腊反抗土耳其统治起义75周年。一共有澳大利亚、奥地利、保加利亚、英国、匈牙利、德国、丹麦、美国、法国、智利、瑞士、瑞典和东道主希腊13个国家311名运动员参加了第一届奥运会。希腊向包括中国在内的世界各国发出了邀请,但当时的清王朝因对奥运会不了解,没有答复,其他多数国家也未派队出席。

　　本届比赛项目有田径、游泳、举重、射击、自行车、古典式摔跤、体操、击剑和网球9个大项。开幕式当天,美国人詹斯·康诺利在三级跳远赛中旗开得胜,成绩是13.71米,成为现代奥运会的第一个冠军。雅典奥运会最热烈、最轰动的比赛场面是4月10日进行的马拉松比赛。雅典马拉松赛是传奇英雄菲迪皮茨所跑过的雅典到马拉松的路线,参赛的有4个国家的17名运动员,气氛十分热烈。当时雅典只有13万5千人,而观看这次马拉松赛的人数竟达10万之多,到处是攒动的人头。时间一分一秒地过去,看台上的观众都急不可耐地等待看到谁获得这一比赛的胜利。当身着浅蓝背心的希腊人斯皮里东·路易斯第一个冲入运动场时,全场雀跃,欢声雷动。担任大会总裁判的王储康士坦丁情不自禁地陪着路易斯跑向终点,国王乔治一世也步下观礼台,迎接这位凯旋的英雄。一束束鲜花,一件件礼物,投向路易斯的身旁,抛向他的脚边。成千只系着希腊国旗、彩带的鸽子,飞向天空。人群潮水般地涌入场内,争相拥抱他,把他抛上抛下,甚至有人高呼:给他部长当。这也是希腊获得的第一项田径金牌。路易斯1940年去世时,人们为了纪念他,在他的墓碑上刻下了奥林匹克五环的标志。

　　4月15日,历时10天的首届奥运会结束了。美国、希腊、德国在奖牌榜上名列前三。闭幕式上,希腊国王乔治一世向获奖运动员颁发了奖牌。但本届奥运会没有金牌,东道主认为金子常常与赌博游戏连在一起,显得俗气,故奖牌只有银、铜牌两种。授予冠军的是银牌和橄榄环,它的正面是"宙斯"手托金球的画像,象征着胜利,背面则印有"雅典1896奥林匹克运动会"的字样,亚军获得的是铜牌和月桂花冠。由于第一届现代奥运会获得了巨大成功,乔治一世提出把希腊作为奥运会固定会址的要求,但国际奥委会否决了国王的这个要求。

心灵体验　　当我们盼望着"2008"到来的时候,"1896"已悄无声息地过去一百多年,但雅典赛场上那经久不息的欢呼却穿透时空,震动着我们的耳膜,吸引我们频频回首。

放飞思维

1. 第一届奥运会为什么没有金牌？你赞成东道主的看法吗？为什么？

2. 2004年雅典奥运会中，授予冠军的是金牌和橄榄环，你知道它们的象征意义吗？如果要你为2008年奥运会冠亚军设计奖牌，你会怎样设计？试作具体说明并略述其设计意图。

百 年 灾 难

◆佚 名

　　灾难是悬在人们头上的达尔斯摩剑。人类在灾难面前，是那样的脆弱。当地震来临时，当海啸来临时，当火山来临时，当风暴来临时，我们人类是那样的无奈。

"泰坦尼克"号巨轮沉没

　　"泰坦尼克"号是一艘豪华富丽、极尽奢靡的客轮。她自重46,328吨，排水量6.6万吨，是当时世界上惟一超过4万吨吨位的客轮。

　　1912年4月10日，"泰坦尼克"号开始了她的处女航。4月12日晚11点40分，"泰坦尼克"号在横越大浅滩时遭遇冰山，她的左舷擦过冰山，船体处被撕开了一个大口子，海水从裂开的壳板涌进了锅炉房，10分钟后，海水已达龙骨之上4.4米。

　　"泰坦尼克"号发出遇难呼救信号CQD，向附近海面所有船只求救。当时，大西洋洋面过往船只很多，但许多船只没有赶来营救，不是因为没有收到"泰坦尼克"号的呼救信号，就是因为距离太远。午夜0时35分，"泰坦尼克"号收到"卡帕西亚"号的回音，但要等4个小时"卡帕西亚"号才可能赶到。

　　凌晨2时15分，随着一声长长的爆炸巨响，巨轮全部的灯火顿时熄灭。

　　凌晨2时20分，海水淹没船尾的旗杆，"泰坦尼克"号彻底沉没。只有695人得以生还，1513名乘客和船员葬身大海。

哈利法克斯市大爆炸

1917年11月25日,"蒙勃兰"号在纽约靠港。它是一艘普通的无定航线货船,在第一次世界大战期间被法国海军征用,成为一艘法国海军军用辅助运输船。在纽约港,美国军方在船上装满了烈性炸药。为保证安全,"蒙勃兰"号不能高速行驶,也因此,它不能被编入港内有护航的商船队。

令人担心的事终于发生了。12月6日,"蒙勃兰"号在水面狭窄、人烟稠密的纳鲁士湾与一艘挪威大船"伊摩"号相撞,"蒙勃兰"号爆炸了。爆炸向各个方向冲击,人口稠密、老式建筑密布的里士满郊区,被炸成一片废墟。住房、办公大楼、人员和牲畜被爆炸的巨大冲击波送上空中。"伊摩"号被掀离水面,然后摔落在达特茅斯的岸上。许多货车被掀到3.2公里以外。海港里每艘船上都有1/3的人丧生。

加拿大和美国官方的资料表明,在这次大爆炸中,哈利法克斯全城共死亡1963人,伤约9000人,有2000余人失踪,500人由于玻璃碎片飞溅而失明,2.5万人无家可归。

伦敦大雾灾

1952年12月4日,在大西洋上的一股暖流移到了伦敦城的上空,然后就停滞不动了;在其下面,一股湿潮寒流形成了气象学中的"逆温";层层乌云几乎遮蔽了整个天空。

这种弥漫全城的烟雾,侵袭着一切生命。当人们的眼睛感觉到它时,眼泪就会不自觉地顺面颊流下;每吸入一口气,便等于吸入一口毒气进入肺腔。人们无论在哪里,都会因这种毒雾的刺激而咳嗽不止。

12月7日和8日,接连两天,伦敦的天气仍不见好转,而那烟雾更加厉害了。浓烈的烟和硫的化合物充斥了所有的空间,到处是恶臭与昏暗。老人和病人在污浊的空气中挣扎,一些人终于在痛苦之中离开了人间。

事后,据英国环境污染负责人厄尔斯特·威廉金斯博士统计,在雾灾发生的前一周,伦敦死亡人数为945人;而在大雾期间,伦敦地区死亡人数激增到2480人,而大雾所造成的慢性死亡人数达8000人,与历年同期相比,多死亡人3000~4000人。

孟加拉热带大风暴

1970年10月10日,印度海岸旁形成了一个低气压带,并以每小时16公里的速度向北推进。几天后,这个低气压发展成热带旋风,风速达到每小时160公里,它旋转着进入孟加拉湾,产生了巨大的海潮。

旋风于11月12日晚开始袭击恒河三角洲。它卷起7~15米高的巨浪,冲上海岸边的小岛。岛上的居民立即被冲出他们的茅草屋,卷入海里被淹死。在沙库查岛方圆7700平方公里的土地上,房屋被削平,农田被毁坏,尸体横七竖八地堆在海岸边或挂在树枝上。恒河三角洲中最大的岛屿——波拉岛上,死亡人数达到20万人,占总人口的1/5。吉大港外的13个岛屿上没有一个能幸免于难。

这次旋风所造成的死亡人数共有约30万到50万,是当代最惨重的灾难之一。根据非官方统计,实际死亡人数应该大于这个统计数字。

伤寒和霍乱迅速传播,几个星期后,又有数以千计的人被这些传染病夺去了生命。

旋风后的东巴基斯坦发生了巨大变化,也加深了东巴基斯坦和政府之间的矛盾。第二年3月,内战发生,在这场内战的硝烟中站立起了一个新的政体——孟加拉国。它成为世界上惟一一个由旋风催化而成的国家。

唐山大地震

1976年7月28日,北京时间3时42分,唐山市地下的岩石突然崩溃了!犹如有400枚广岛原子弹,在距地面16公里处的地壳中猛然爆炸!这座百万人口的城市,顷刻间被夷为平地。仿佛有一个黑色的妖魔在这里肆虐,是它踏平了街巷,折断了桥梁,掐断了烟囱,将列车横推出轨。唐山面目全非。

在唐山,总计682,267间的民用建筑中,竟有656,136间在地震中倒塌和遭到严重破坏!死亡人数达24万。

博帕尔毒气泄露惨案

博帕尔市是印度中央邦的首府,居住人口近百万。在博帕尔市北郊矗立着一座专门制造农药和杀虫剂的联合碳化物大型美国化工厂。这家工厂生产的毒药MIC含有光气,既可杀死老鼠,也可对人造成伤害。

1984年12月3日凌晨1时许,储存MIC气体的罐筒的自动安全阀门失灵

了，气体从洗涤管里喷射出来。只听"砰"的一声，一股巨大的气柱直冲云天，约1.8万升的 MIC 毒气全部泄出。从1点到4点钟，这些致命的毒气笼罩了约40平方公里的地区，波及11个居民区，受害者共20多万人。其中2000多人死亡，5万多人眼睛受到损伤。

据统计，3年来因这场事故死亡的人数已达2850人，1000多人双目失明，许多人的肺、胃等器官受到永久性损伤，有些人因身体受害严重，无法治愈，只能坐以待毙，整日饱受痛苦的折磨。还有许多人由于恐惧和悲哀，连惊带吓，精神失常了。在事故发生后不久，博帕尔市出生的畸形婴儿和孕妇流产率都有所增加，这场灾祸已经殃及到下一代。

切尔诺贝利核电站大爆炸

1986年4月26日凌晨，切尔诺贝利核电站仍像往常一样，灯火通明，各部门正常运转。工作人员开始准备在第4号发电机组上进行切断 RBMk1000 型反应堆保护装置的试验。由于工作人员违章操作，反应堆失控了，燃起熊熊大火。4号机组中的"核魔"挣出了核反应堆这一"魔瓶"的"瓶口"，核燃料碎块、高放射性石墨块被抛出，散落在堆体四周，而堆体和厂房已被完全毁坏。

现场周围到处充溢着一股非常强烈的臭氧气味，工作人员的眼皮、喉咙都有一种剧烈的刺痛感，呼吸不畅，胸部滞塞，表现出强烈的放射反应，许多人就这样被大火和强辐射立即夺走了生命……

一位美国医生在对受害者作了长达一个月的访问、调查后说：因为事故中间核反应堆溢出的大量碘131、铯137等放射性物质，使事故现场周围的放射性剂量，超出了人体允许剂量的20倍。附近的居民受到了600拉德以上的辐射，而450拉德的辐射量，就会使健康人死亡殆半。所以并非耸人听闻——由于这场事故的核辐射，其死亡人数将为1万至3.5万人。

心灵体验 灾难是悬在人们头上的达尔斯摩剑。人类在灾难面前，是那样的脆弱。当地震来临时，当海啸来临时，当火山来临时，当风暴来临时，我们人类是那样的无奈。但当我们遭遇现代科技造成的灾难时，却由衷地悲哀，毒气泄露、核爆炸、电脑病毒，我们又怎么去怨天尤人呢？

放飞思维

1. 伦敦大雾灾是怎么形成的？它给我们什么警示？
2. 看过电影《泰坦尼克号》吗？其中令你感受最深的是什么？

淝 水 之 战

◆ 司马光

坚幼子中山公诜最有宠，亦谏曰："臣闻国之兴亡，系贤人之用舍。今阳平公，国之谋主，而陛下违之；晋有谢安、桓冲，而陛下伐之。臣窃惑之。"

太元七年……冬，十月，秦王坚会群臣于太极殿，议曰："自吾承业，垂三十载，四方略定。唯东南一隅，未沾王化。今略计吾士卒，可得九十七万，吾欲自将以讨之，何如？"秘书监朱肜曰："陛下恭行天罚，必有征无战，晋主不衔璧军门，则走死江海。陛下返中国士民，使复其桑梓，然后回舆东巡，告成岱宗，此千载一时也。"坚喜曰："是吾志也。"

尚书左仆射权翼曰："昔纣为无道，三仁在朝，武王犹为之旋师。今晋虽微弱，未有大恶，谢安、桓冲皆江表伟人，君臣辑睦，内外同心。以臣观之，未可图也。"坚嘿然良久，曰："诸君各言其志。"

太子左卫率石越曰："今岁镇守斗，福德在吴，伐之必有天殃。且彼据长江之险，民为之用，殆未可伐也。"坚曰："昔武王伐纣，逆岁违卜。天道幽远，未易可知。夫差、孙皓皆保据江湖，不免于亡。今以吾之众，投鞭于江，足断其流，又何险之足恃乎？"对曰："三国之君，皆淫虐无道，故敌国取之，易于拾遗。今晋虽无德，未有大罪，愿陛下且按兵积谷，以待其衅。"于是群臣各言利害，久之不决。坚曰："此所谓筑舍道傍，无时可成。吾当内断于心耳！"

群臣皆出，独留阳平公融，谓之曰："自古定大事者，不过一二臣而已。今众言纷纷，徒乱人意，吾当与汝决之。"对曰："今伐晋有三难：天道不顺，一也；晋国无衅，二也；我数战兵疲，民有畏敌之心，三也。群臣言晋不可伐者，皆忠臣也，愿陛下听之。"坚作色曰："汝亦如此，吾复何望！吾强兵百万，资仗如山。吾虽未为令主，亦非暗劣；乘累捷之势，击垂亡之国，何患不克？岂可复留此残寇，使长为国家之忧哉？"融泣曰："晋未可灭，昭然甚明，今劳师大举，恐无万全之功。且臣之所忧，不止

46

于此。陛下宠育鲜卑、羌、羯，布满畿甸，此属皆我之深仇。太子独与弱卒数万留守京师，臣惧有不虞之变生于腹心肘腋，不可悔也。臣之顽愚，诚不足采；王景略一时英杰，陛下常比之诸葛武侯，独不记其临没之言乎？"坚不听。于是朝臣进谏者众，坚曰："以吾击晋，校其强弱之势，犹疾风之扫秋叶，而朝廷内外皆言不可，诚吾所不解也！"

太子宏曰："今岁在吴分，又晋君无罪，若大举不捷，恐威名外挫，财力内竭，此群下所以疑也。"坚曰："昔吾灭燕，亦犯岁而捷，天道固难知也。秦灭六国，六国之君岂皆暴虐乎？"

冠军、京兆尹慕容垂言于坚曰："弱并于强，小并于大，此理势自然，非难知也。以陛下神武应期，威加海外，虎旅百万，韩、白满朝，而蕞尔江南，独违王命，岂可复留之以遗子孙哉！诗云：'谋夫孔多，是用不集。'陛下断自圣心足矣，何必广询朝众？晋武平吴，所仗者张、杜二三臣而已。若从朝众之言，岂有混一之功？"坚大悦，曰："与吾共定天下者，独卿而已。"赐帛五百匹。

坚锐意欲取江东，寝不能旦。阳平公融谏曰："'知足不辱，知止不殆。'自古穷兵黩武，未有不亡者。且国家本戎狄也，正朔会不归人。江东虽微弱仅存，然中华正统，天意必不绝之。"坚曰："帝王历数，岂有常邪？惟德之所在耳！刘禅岂非汉之苗裔邪？终为魏所灭。汝所以不如吾者，正病此不达变通耳。"

坚素信重沙门道安，群臣使道安乘间进言。十一月，坚与道安同辇游于东苑。坚曰："朕将与公南游吴、越，泛长江，临沧海，不亦乐乎？"安曰："陛下应天御世，居中土而制四维，自足比隆尧、舜，何必栉风沐雨，经略遐方乎？且东南卑湿，沴气易构，虞舜游而不归，大禹往而不复，何足以上劳大驾也！"坚曰："天生烝民而树之君，使司牧之。朕岂敢惮劳，使彼一方独不被泽乎？必如公言，是古之帝王皆无征伐也。"道安曰："必不得已，陛下宜驻跸洛阳，遣使者奉尺书于前，诸将总六师于后，彼必稽首入臣，不必亲涉江、淮也。"坚不听。

坚所幸张夫人谏曰："妾闻天地之生万物，圣王之治天下，皆因其自然而顺之，故功无不成。是以黄帝服牛乘马，因其性也；禹浚九川，障九泽，因其势也；后稷播殖百谷，因其时也；汤、武帅天下而攻桀、纣，因其心也。皆有因则成，无因则败。今朝野之人皆言晋不可伐，陛下独决意行之，妾不知陛下何所因也！《书》曰：'天聪明自我民聪明。'天犹因民，而况人乎？妾又闻王者出师，必上观天道，下顺人心。今人心既不然矣，请验之天道。谚云：'鸡夜鸣者不利行师，犬群嗥者宫室将空，兵动马惊，军败不归。'自秋冬以来，众鸡夜鸣，群犬哀嗥，厩马多惊，武库兵器，自动有声，此皆非出师之祥也。"坚曰："军旅之事，非妇人所当预也。"

坚幼子中山公诜最有宠，亦谏曰："臣闻国之兴亡，系贤人之用舍。今阳平公，

国之谋主,而陛下违之;晋有谢安、桓冲,而陛下伐之。臣窃惑之。"坚曰:"天下大事,孺子安知!"……

太元八年,秋,七月……秦王坚下诏大举入寇。民每十丁遣一兵;其良家子年二十已下有材勇者,皆拜羽林郎。又曰:"其以司马昌明为尚书左仆射,谢安为吏部尚书,桓冲为侍中。势还不远,可先为起第。"良家子至者三万余骑,拜秦州主簿金城赵盛之为少年都统。是时朝臣皆不欲坚行,独慕容垂、姚苌及良家子劝之。阳平公融言于坚曰:"鲜卑、羌虏,我之仇雠,常思风尘之变,以逞其志,所陈策画,何可从也?良家少年,皆富饶子弟,不闲军旅,苟为谄谀之言,以会陛下之意。今陛下信而用之,轻举大事,臣恐功既不成,仍有后患,悔无及也!"坚不听。

八月戊午,坚遣阳平公融督张蚝、慕容垂等步骑二十五万为前锋;以兖州刺史姚苌为龙骧将军,督益、梁州诸军事。坚谓苌曰:"昔朕以龙骧建业,未尝轻以授人,卿其勉之!"左将军窦冲曰:"王者无戏言,此不祥之征也!"坚默然。

慕容楷、慕容绍言于慕容垂曰:"主上骄矜已甚,叔父建中兴之业,在此行也!"垂曰:"然。非汝,谁与成之!"

甲子,坚发长安,戎卒六十余万,骑二十七万,旗鼓相望,前后千里。九月,坚至项城;凉州之兵始达咸阳;蜀、汉之兵方顺流而下;幽、冀之兵至于彭城。东西万里,水陆齐进,运漕万艘。阳平公融等兵三十万,先至颍口。

诏以尚书仆射谢石为征虏将军、征讨大都督,以徐、兖二州刺史谢玄为前锋都督,与辅国将军谢琰、西中郎将桓伊等众共八万拒之;使龙骧将军胡彬以水军五千援寿阳。琰,安之子也。

是时秦兵既盛,都下震恐。谢玄入,问计于谢安。安夷然答曰:"已别有旨。"既而寂然。玄不敢复言。乃令张玄重请。安遂命驾出游山墅,亲朋毕集,与玄围棋赌墅。安棋常劣于玄,是日玄惧,便为敌手而又不胜。安遂游陟,至夜乃还。桓冲深以根本为忧,遣精锐三千入卫京师,谢安固却之,曰:"朝廷处分已定,兵甲无阙,西藩宜留以为防。"冲对佐吏叹曰:"谢安石有庙堂之量,不闲将略。今大敌垂至,方游谈不暇,遣诸不经事少年拒之,众又寡弱,天下事已可知,吾其左衽矣!"……

冬十月,秦阳平公融等攻寿阳;癸酉,克之,执平虏将军徐元喜等。融以其参军河南郭褒为淮南太守。慕容垂拔郧城。胡彬闻寿阳陷,退保硖石,融进攻之。秦卫将军梁成等帅众五万屯于洛涧,栅淮以遏东兵。谢石、谢玄等去洛涧二十五里而军,惮成不敢进。胡彬粮尽,潜遣使告石等曰:"今贼盛粮尽,恐不复见大军。"秦人获之,送于阳平公融。融驰使白秦王坚曰:"贼少易擒,但恐逃去,宜速赴之。"坚乃留大军于项城,引轻骑八千,兼道就融于寿阳。遣尚书朱序来说谢石等,以为强弱异势,不如速降。序私谓石等曰:"若秦百万之众尽至,诚难与为敌。今乘诸军未集,宜速击之。若败其前锋，则彼已夺气，可遂破也。"

石闻坚在寿阳，甚惧，欲不战以老秦师。谢琰劝石从序言。十一月，谢玄遣广陵相刘牢之帅精兵五千趣洛涧，未至十里，梁成阻涧为陈以待之。牢之直前渡水，击成，大破之。斩成及弋阳太守王咏，又分兵断其归津，秦步骑崩溃，争赴淮水，士卒死者万五千人；执秦扬州刺史王显等，尽收其器械军实。于是谢石等诸军，水陆继进。秦王坚与阳平公融登寿阳城望之，见晋兵部阵严整，又望八公山上草木，皆以为晋兵，顾谓融曰："此亦劲敌，何谓弱也！"怃然始有惧色。

秦兵逼淝水而陈，晋兵不得渡。谢玄遣使谓阳平公融曰："君悬军深入，而置陈逼水，此乃持久之计，非欲速战者也。若移陈少却，使晋兵得渡，以决胜负，不亦善乎？"秦诸将皆曰："我众彼寡，不如遏之，使不得上，可以万全。"坚曰："但引兵少却，使之半渡，我以铁骑蹙而杀之，蔑不胜矣！"融亦以为然，遂麾兵使却。秦兵遂退，不可复止。谢玄、谢琰、桓伊等引兵渡水击之。融驰骑略陈，欲以帅退者，马倒，为晋兵所杀，秦兵遂溃。玄等乘胜追击，至于青冈；秦兵大败，自相蹈藉而死者，蔽野塞川。其走者闻风声鹤唳，皆以为晋兵且至，昼夜不敢息，草行露宿，重以饥冻，死者什七八。初，秦兵少却，朱序在陈后呼曰："秦兵败矣！"众遂大奔。序因与张天锡、徐元喜皆来奔。获秦王坚所乘云母车及仪服、器械、军资、珍宝、畜产不可胜计。……

谢安得驿书，知秦兵已败，时方与客围棋，摄书置床上，了无喜色，围棋如故。客问之，徐答曰："小儿辈遂已破贼。"既罢，还内，过户限，不觉屐齿之折。

心灵体验

本文详尽地叙述了淝水之战苻坚统治集团的内部矛盾及战争的经过。作者很善于用精练的语句描绘宏大或复杂多变的场面，读了使人感到历历在目，十分清晰。

放飞思维

1.司马光为什么在文中对劝谏者浓墨重彩，而对主战者用笔很少？

2.你认为前秦在淝水之战中以失败告终的原因是什么？

晋楚城濮之战

◆《左传》

> "战也！战而捷，必得诸侯。若其不捷，表里山河，必无害也。"

宋人使门尹般如晋师告急。公曰："宋人告急，舍之则绝，告楚不许。我欲战矣，齐、秦未可。若之何？"先轸曰："使宋舍我而赂齐、秦，藉之告楚。我执曹君，而分曹、卫之田以赐宋人。楚爱曹、卫，必不许也。喜赂怒顽，能无战乎？"公说，执曹伯，分曹、卫之田以畀宋人。

楚子入居于申，使申叔去谷，使子玉去宋，曰："无从晋师！晋侯在外，十九年矣，而果得晋国。险阻艰难，备尝之矣；民之情伪，尽知之矣。天假之年，而除其害，天之所置，其可废乎？《军志》曰：'允当则归。'又曰：'知难而退。'又曰：'有德不可敌。'此三志者，晋之谓矣。"

子玉使伯棼请战，曰："非敢必有功也，愿以间执谗慝之口。"王怒，少与之师，唯西广、东宫与若敖之六卒实从之。

子玉使宛春告于晋师曰："请复卫侯而封曹，臣亦释宋之围。"子犯曰："子玉无礼哉！君取一，臣取二。不可失矣。"先轸曰："子与之。定人之谓礼。楚一言而定三国，我一言而亡之，我则无礼，何以战乎？不许楚言，是弃宋也。救而弃之，谓诸侯何？楚有三施，我有三怨，怨仇已多，将何以战？不如私许复曹、卫以携之，执宛春以怒楚，既战而后图之。"公说，乃拘宛春于卫，且私许复曹、卫。曹、卫告绝于楚。

子玉怒，从晋师。晋师退。军吏曰："以君避臣，辱也，且楚师老矣。何故退？"子犯曰："师直为壮，曲为老，岂在久乎？微楚之惠不及此，退三舍避之，所以报也。背惠食言，以亢其仇，我曲楚直，其众素饱，不可谓老。我退而楚还，我将何求？若其不还，君退、臣犯，曲在彼矣。"退三舍。楚众欲止，子玉不可。

夏四月，戊辰，晋侯、宋公、齐国归父、崔夭、秦小子憖次于城濮。楚师背酅而舍，晋侯患之。听舆人之诵曰："原田每每，舍其旧而新是谋。"公疑焉。子犯曰："战也！战而捷，必得诸侯。若其不捷，表里山河，必无害也。"公曰："若楚惠何？"栾贞子曰："汉阳诸姬，楚实尽之。思小惠而忘大耻，不如战也。"晋侯梦与楚子搏，楚子伏己而盬其脑，是以惧。子犯曰："吉。我得天，楚伏其罪，吾且柔之矣。"

子玉使斗勃请战，曰："请与君之士戏，君冯轼而观之，得臣与寓目焉。"晋侯使栾枝对曰："寡君闻命矣。楚君之惠，未之敢忘，是以在此。为大夫退，其敢当君乎？

既不获命矣,敢烦大夫,谓二三子:'戒尔车乘,敬尔君事,诘朝将见。'"

晋车七百乘,韅、靷、鞅、靽。晋侯登有莘之虚以观师,曰:"少长有礼,其可用也!"遂伐其木,以益其兵。己巳,晋师陈于莘北,胥臣以下军之佐当陈、蔡。子玉以若敖之六卒将中军,曰:"今日必无晋矣。"子西将左,子上将右。

胥臣蒙马以虎皮,先犯陈、蔡。陈、蔡奔,楚右师溃。狐毛设二旆而退之。栾枝使舆曳柴而伪遁,楚师驰之。原轸、郤溱以中军公族横击之,狐毛、狐偃以上军夹攻子西,楚左师溃。楚师败绩。子玉收其卒而止,故不败。

晋师三日馆谷,及癸酉而还。

心灵体验　城濮之战是历史上一次著名的变劣势为优势、化被动为主动的战例。这篇短短的千字文,既有对交战双方君臣态度及策略的交代,又有对战争过程中一些细节的描写,将如火如荼的战争写得生机盎然,美不胜收。

放飞思维
1. 你认为晋国取胜的根本原因是什么?
2. 试具体分析子玉这一人物形象。
3. 你怎样看待晋国的"退避三舍"?

鱼 化 石

◆艾 青

即使死亡,能量也要发挥干净。

动作多么活泼,
精力多么旺盛,
在浪花里跳跃,
在大海里浮沉;

不幸遇到火山爆发,
也可能是地震,
你失去了自由,
被埋进了灰尘;

过了多少亿年,
地质勘探队员,
在岩层里发现你,
依然栩栩如生。

但你是沉默的,
连叹息也没有,
鳞和鳍都完整,
却不能动弹;

你绝对的静止,
对外界毫无反应,
看不见天和水,
听不见浪花的声音。

凝视着一片化石,
傻瓜也得到教训:
离开了运动,
就没有生命。

活着就要斗争,
在斗争中前进,
即使死亡,
能量也要发挥干净。

心灵体验

卞之林曾以鱼化石为题材,写了一首哲理诗:"你我都远,乃有鱼化石。"即使无可奈何,且喜生生不息。艾青则从生活里捡拾自己的感情,更多一层现实意义。

放飞思维

1. 试分析这首诗艺术表现方面的特点。
2. 联系实际,谈谈你对"即使死亡,能量也要发挥干净"的理解。

我震撼于悠久的历史沉淀下来的不朽魂魄的伟大。这魂魄，历经代代褒扬，融于我们的血液，在我们的胸中激起一层层波浪……

凝望与解读

离湘江不远的韶山冲里,人们又为他立起一尊塑像。与以往不同的是,这尊塑像恢复了他的书生面目。他昂然屹立在晨光熹微的山谷里,手里握着一卷书,脸上的笑容传达出他如诗般美好的心境。啊,走下神坛的毛泽东,我好想越过时空的沙漠,重新握到你温热的手;好想听见你那高亢的、略微颤抖和沙哑的、著名的声音在广漠的空中再度响起……

——《走进一个人》

走进一个人

◆祝 勇

他生命中流着湘江的水。是湘江铸就了他的性格。

能不能轻轻拉住你的手
风里雨里歇歇脚别再匆匆地走
能不能让我看看你的脸
让我读懂你心里所有的爱与仇
一次次想着你,在梦醒时候
一次次念着你,在梦的尽头
九曲黄河,一壶好酒
日日夜夜总是在你心上流
日日夜夜总是在你心上流
……

他是一个奇迹。

一个令人难以置信的、神奇的真实。

你可以不相信神话,不相信这块黄土地上世世代代口口相传的那些可考抑或不可考的创世传说与英雄史诗,任凭那些斑驳苍老的人物无边的风月中,从说古老人们的嘴唇上滑至你的眼前,你仍旧可以宽容地摇摇头,说声:"我只相信我看见的。"可是你不能不相信,在波谲云诡的变幻中,在纵横捭阖的流转中,他来过。他如同每一个带着满脸惊异神色的襁褓婴儿一样来过,又像一位普通的骚人墨客那样轻轻地走了——挥一挥衣袖,不带走一片云彩。但这一来一走,天地已是乾坤倒转,沧海变成桑田。

我从不讳言我对他的崇仰之情,尽管这种感情颇令我的伙伴们感到惊奇,尽管他溘然离去的时候,我才只有8岁,夹在痛哭流涕的人群中,茫然地向着他的遗像鞠躬。走进他的世界是以后的事,他传奇般的生涯以及他奇崛的诗文书法,令我长醉难醒。

我努力为他的存在寻找着证据——那些散落在世纪记忆里的日子,究竟是在怎样的机缘里串连成一个伟大不平凡的一生的呢?

直到有一天，我千里跋涉来至他的故乡，像他年轻时那样到中流击水，在浩渺的湘江里畅游，才仿佛碰触到他的肌肤，嗅到他的气息，抚摸到他的血脉……

湘江。楚戈般古旧和悠远的湘江。裙带般飘逸和灵秀的湘江。湘江很宽，宽得一只没有足够力气的雏鸟是无法飞越过去的。湘江很长，比人们的视线要长，比人们的生命要长。一步步靠近湘江的时候，我的心情是战栗着的。我相信近80年前，风华正茂的他来的时候，心情一定也是一样。

我们从生满野花的岸边一步步走至水里。起初觉得很凉，我打了个寒噤，脚下没有站稳，险些滑倒。有风在笑。我想起他的笑。在历史长河的另一岸，他的笑声年轻而清澈，像铜号嘹亮的琵琶音，在晴空下划过。

他十分爱笑，时常在会心的微笑中露出整齐洁白的牙齿。我曾面对他各个时期的历史照片细心揣摩，结果发现这种轻松而自信的微笑几乎成了贯穿他一生的表情。当然，例外总还是有的，比如他晚年会见外宾的新闻纪录片中的表情就愈发显得严峻而凝重，那不仅是他的重病所致，更要归因于他内心的矛盾和痛苦，这里暂不提它。他的微笑是那样美，那样富于感染力，可以于瞬间将你浸透，让你忘记伟人与凡人之间的距离而沉浸于一股温情之中。

想着这些，我已游到了江心。零星的断了根的水草像飘浮的记忆试图缠绕住我的身体。在湘江的心脏地带，我充分感到它的博大和自己的渺小。这时，一股暖意如游思般幽幽浮上来。它让我体味到湘江于惊涛骇浪之外的那一份温柔与平易。

他故乡的风物就有这个特点。起初，它牵动你沉重的思绪，而当你真正将身心融进去，你才会拂去历史的尘埃，透过苍茫凝重的表象，感受到它鲜活的本质。也许因为他在故乡时，还没有成为一个民族的领袖，所以在这里感受到的他，更接近本性。这里有他顽皮的孩提时代的记忆。他韶山故居那排黄褐色土屋前有一片水塘，当他幼年淘气，要吃父亲一打的时候，便跳进塘中，游到父亲够不着的地方。听到韶山冲的老人们讲起这桩轶事，我便忍不住笑出声来。所以在韶山，我的心境与当年那些手持语录本的朝拜者是截然不同的。板仓那杜鹃花盛开的小径，还记得他与杨开慧并肩而行的脚步声。他的初恋，不应因为他是革命者就降低了它的浪漫色彩。"晓来百念都灰烬，剩有离人影。一钩残月向西流，对此不抛眼泪也无由。"一阕《虞美人·枕上》，道尽这位豪放文人的婉约情怀。他抛下爱妻和爱子，到人迹罕至的山林里创立红色王国，特殊岁月里的革命与爱情，着实耐人寻味。我读过不少描写他俩感情历程的文学作品，几乎无一令我满意。

他是一个改写历史进程的人，但他的外表并不嚣张。怪不得司徒雷登曾说他外表看上去像一个乡村教师。他中年以前一直很瘦弱，甚至，同他的内在潜能不相称的,他有着一张近乎女性化的俊美的面庞。我不难想像他同他年轻的伙伴们在岳麓山下读书,在爱晚亭中畅谈时那一副长衫飘飘的样子。他是一个地道的书生。在中共的领袖中,甚或,在我们民族的伟人中,他可算是最具文人气质的一个了。在长沙,伴着滔滔逝水,他度过了一个爱书人最幸福的一段时光,那里,有千年学府岳麓书院,多少个晨昏,他在书房里踱步,悉心揣摩《论语》、《史记》的境界。多年以后他率领着他的红色队伍在江西建立了根据地,在给中央的信中,仍不忘记索要书刊:"我们望得书报如饥如渴,务请勿以事小弃置。"(《毛泽东书信选集》第27页,人民出版社1984版)在延安,当外国记者问及这位住窑洞吃小米的革命家是否羡慕财大气粗、拥有美式装备的蒋介石时,他的回答是,他只羡慕蒋介石的书柜里摆着克劳塞维茨的《战争论》——你瞧,还是书。我曾有幸走进他的中南海丰泽园书房,那铺天盖地的书的海洋令我好不惊叹!书香浸染了他的书生气质。他举手投足温文尔雅,即便在艰苦岁月里穿着带补丁的衣裤行走在黄沙漫漫的黄土高原上,步伐间依然显示出十足的儒生风度,不紧、不慢、不温、不火,雍容、沉着而自信。

　　他生命中流着湘江的水。是湘江铸就了他的性格。平静温婉只是湘江的一种表象,当曲折的河床适合它流动的时候,它便呈现出这种姿态,令人心旷神怡。但是每当有山、有石企图粗暴地阻止它的时候,它便会将所有的浪花凝聚成坚硬的拳头。湘江一旦暴怒起来,它积聚的力量是无法估量的。他,也是一样。当年他的顶头上司,那些掌握重权的革命家中很少有人意识到这一点。他文弱,内心敏感,还有一颗骚动不安的心,同时,湘江一样雄浑的血在他书生般瘦削的躯体里等待着爆发。这种爆发往往比那种外表强悍的人要猛烈得多。这种气质上的奇妙组合只有从他身上才能寻到。而这种个人质素一旦和一个国家、一个民族结合起来,投入到一场轰轰烈烈的斗争中去,它所焕发出的力量是其他任何事物无法比拟的。

　　他度过了一段在政治上频频失意的、极为黯淡的日子。湘江证明了一切。那些照搬书本的、无能的书生一旦攫取了最高权力,他们所带来的灾难几乎是毁灭性的。红军眨眼间丢掉了根据地,被迫开始了当时还没有目的的远行。他们到了湘江边上,他也夹杂在这群人里,重返了自己的故乡。当然,他已不再有"携来百侣"遨游于一片碧澄的雅兴了;他也没有像多少年前那样为开怀的笑声里露出洁白的牙齿,因为此时的他,看到的不是"鹰击长空,鱼翔浅底",而是一排排的战士在火光中倒在江里,在飞卷的浪花上绽开无数朵血红的花朵。湘江一役,红军损失过半。鲜血染红了整条湘江。多少日子的风雨也没能将它的血腥冲淡。湘江成了一条粗大的血管,坦然地容纳了这些年轻的、曾经鲜活的生命琼浆。历史老人一向是宽容的,可是在那一天,他被激怒了。他选择了他——于是,在前方不算太遥远的遵义,这个相貌英俊的书生,被推到了这支队伍的最前列。

"西风烈,长空雁叫霜晨月。霜晨月,马蹄声碎,喇叭声咽。 雄关漫道真如铁,而今迈步从头越,从头越。苍山如海,残阳如血。"我想像得出他于猎猎西风中马背诵诗的那一份壮怀激烈的情怀。我惊奇地发现,他佳句迭出的时刻,正是革命形势最险恶的岁月。他在任何危难情境下都能沉浸在浪漫的诗歌氛围里。作为一个诗人,他推崇李白,但李白毕竟只是个诗人,面对无力改变的政治现实,他只能饮酒纵歌。他则不同,当金戈铁马一次又一次地唤起他蓬勃的诗兴的时候,中国的命运,已经握在了他的手上。在一次次气吞万里如虎的战役中,他尽情挥洒他胸中的才华。山川如无数行大气磅礴的诗句匍匐蜿蜒于他的身后。他跨赤水,渡金沙,走贵阳,逼昆明,昆仑大地处处留下这位诗人的神来之笔。转战陕北,身边只带着一个警卫团的他与成军的敌人隔山而行,他却笑言:"大路朝天,各走一边嘛。"他的气度无人能比。我无法得知他是否暗中将自己同他的对手蒋介石比较过,如果不是胜券在握,在别的同志紧张得手心出汗的危险时刻,他唇边漾出的自信的微笑是从哪里来的呢?他征服了雪山,征服了草地,征服了浩瀚的黄土高原,然后,一叶扁舟,翩然东行,踏黄河万顷浪于脚下,在河北西柏坡一个不起眼的小院里,他举重若轻,挥手之间,整个江山为之变色。那时,他已远离故乡。这些传奇,已不仅是湘江的荣耀。但是从湘江此刻的涛声中,我仍听得出江水欢畅的笑声。

然而,他毕竟离家乡越来越远了。湘江如母亲期待远行的儿子归来一般等待着他。他的归来,是好多年后的事了,那时战争的硝烟早已散尽,世界早已发生了翻天覆地的变化,他自己也从一个面容清癯的青年变成了一个胖胖的老人。没有变的是他依然是爱笑,当韶山的少先队员将红领巾围到他的脖子上的时候,他脸上绽开的笑容比孩子们更天真灿烂;他还那么爱吃红烧肉,大碗地吃,一生简朴的他把红烧肉当做他食物上的最高要求;当然,最不可改变的,是他对书籍与生俱来的亲密感。我在他的韶山滴水洞居所里看见一张同他的中南海卧室一模一样的大床,床的一侧挤挤挨挨地码放了许多古籍,那些书像红烧肉一样滋养着他。可是,漫长的岁月足以改变许多东西。当年那"书生意气,挥斥方遒"的日子,他灵魂上的知音并不多,但他从不感到孤独;如今,他的同志遍及天下,他却越来越陷入深深的孤独之中。这种孤独,是别人无法想像的。对一个诗人来说,孤独是一笔财富,但对于一个政治家来说,却是致命的危险。有着大床的屋子空空如也,他早已不在那里,这位疲倦的老人离开我们已经整整20年。如果此刻他还坐在书案前轻掀书页,我会凑上去,把我所想到的这一切,悄悄地告诉他。

现在他毋须再在摇晃的马背上作诗了,也不再有频繁的枪声打断他创作的思绪,他可以在宽大的书案上铺开宣纸,用饱蘸浓墨的毛笔写下瑰丽的诗行了。可是,他的诗却越来越少了。我注意到,有许多年,他几乎没有写下一句诗。是安定的生活消磨了诗人和政治家的灵感了吗?我不得而知,但我猜得出他平静的外表下依然涌动着惊世骇俗的漩流。尽管这位老人年迈的躯体似乎经不起排天巨浪的袭击,尽管此时的他已是身不由己,不能不经组织批准就擅自到江河里遨游,但仍然想方设法与激浪亲近。"大雨落幽燕,白浪滔天……"浪潮的轰隆巨响唤回了他的诗情。他酝酿着再一次爆发。

我仿佛是在历史的长河中游泳,从此岸到彼岸。湘江展开宽大的胸怀迎接我,以安静的翼翅拥抱我。平静的水波给我一份怡人的感受。我深知我只是一个远离风险的读书人,我身上有着许多读书人共有的孱弱的个性,希求的是一种淡泊宁静的人生,正因如此,我更敬佩能够直面生命危险的他,尽管他也是一个读书人。

当他发现他所建立起来的秩序不符合他的意愿的时候,他就义无反顾地推倒重来。他自己,不,整个国家,都为他的这种个性付出了惨痛的代价。我不知这位英雄的悲剧是性格悲剧还是命运悲剧,但我仍然钦佩他。成功与过错相加,结果并不是零,而是一笔巨大的精神财富。于是,这位书生自己也成了一本书,读懂了他,你就会解开中国历史和现实的绳扣。

他的许多塑像伫立在广场上,迎风舒展着风衣,挥动着手臂,如历史的路标。他曾开玩笑说,任凭雨打风吹吧。"风流总被雨打风吹去。"我忖度不出当年他这句话里是否表露出他晚年的心态,坦然?还是无奈?

终于,白瓷像章挽留不住他的笑容,他走了。

他说他一生只干了两件事,可是谁都知道他在历史天平上的分量。

他一生用过很多名字,有趣的是每一个名字都涵盖了他某个方面的特质——我们叫他毛泽东的时候,他是一位润泽东方的巨人,一个伟大的民族的精神领袖,一个不朽国度的命运,乃至世界的政治格局,在他的谈笑间掌握着,难怪尼克松的东床快婿嗔怪他这位老泰山在朝拜毛泽东的时候就像一个小学生,而完全丧失了"西方领袖"的风度;他还叫过李德胜,那时他像他的名字一样成为疆场上的强者,皱褶的帽檐儿下藏着一双洞悉一切的眼睛;被唤作润之的时候,他则是一介温润可爱的文人。

而我,却和许多同龄人一样,总是喜欢唤他作"老毛"。

我说不清为什么喜欢这样叫他,也许它亲切又不失尊重,我知道他一定不会震怒,一定会抚摸着我们的后脑勺,露出温柔敦厚的笑容。

逝者如斯。生命的燃烧与熄灭,再漫长也只是瞬间的事。他创造了世纪的神话,然后安静地进入了睡梦。只有湘江——孕育他生命的母亲河,一如既往地流淌着。

我们从橘子洲爬上了岸边。黄昏中的岳麓山已是紫气缭绕,而洲上人家则在恬然升起袅袅炊烟,沉浸于现实的美好之中,仿佛对世事的变迁浑然不觉。惟他的

身影不再出现,不会再到激烈中搏击,或逆风扬起不屈的手臂。他只是湘江众多儿女的一个。湘江两岸遍地生长着无数细碎的小花,正在风中绽出缤纷的微笑。

离湘江不远的韶山冲里,人们又为他立起一尊塑像。与以往不同的是,这尊塑像恢复了他的书生面目。他昂然屹立在晨光熹微的山谷里,手里握着一卷书,脸上的笑容传达出他如诗般美好的心境。啊,走下神坛的毛泽东,我好想越过时空的沙漠,重新握到你温热的手;好想听见你那高亢的、略微颤抖和沙哑的、著名的声音在广漠的空中再度响起……

心灵体验

作者撕开笼罩在伟人身上的神秘面纱,以心灵对话的方式直逼伟人的真实心灵,以抒情化的语言烘托出一颗鲜活跃动的心灵:走下神坛的毛泽东。全文感情浓郁,结构安排颇具匠心,语言也很精练传神。

放飞思维

1. 我们都景仰伟大领袖毛泽东,是那种只敢远观,不敢走近的景仰。作者却撩去伟人身上的神秘面纱,真实地走近毛泽东。看完这篇文章后,你是否有一种非常亲近之感?文章真实地表现了毛泽东的什么生活品质和生活态度?

2. "我"游韶山与当年那些手持语录本的朝拜者有什么不同?

3. 你能说出毛泽东小时候成长的故事吗?讲几个故事给大家听听。

岳　飞

◆李松涛

风波亭在哪?它是一颗悬于神州大梁的苦胆,
让有志有为的卧薪者品尝,明目明心,以认清忠奸。

一身盔甲,令所有的对手溃不成军。但,你挡得住面前的攻打,却经不起背后的谋杀。

一块中原大地般宽厚的脊背,针针见血地负起母亲的叮咛与沉雄的神州:"精忠报国"！——可报国路，让昏君奸臣弄得曲曲折折、坑坑洼洼、险象环生。你忠于谁，谁就决定你的生死。朝赐你财物、午赐你宅院、暮赐你美女的人，说不定何时便赐你一死。可你忙于出征、忙于布阵、忙于厮杀，便不曾留心，天子的夸奖，是一种带回钩的暗器；你醉心于把战表化作捷报，更不曾注意，金銮殿不露声色的檐角，已勾勒出风波亭的雏形……

阴谋出笼，出皇城，十二道金牌，十二个夜叉——将忠良捉拿。昨天的猎人，今天的猎物——你角色的转换过于险陡，连看惯沉浮的黄河，事先都毫无预感。手上铐子，脚上镣子，颈上枷子，最重的驮在背上——那母亲的至嘱，如今成了要命包袱。不归路上，当竖着的性命同一柄横着的利刃勃然遭遇，你才晓《满江红》的写作，是从小校场熟悉的枪尖上起笔，而在一块陌生的磨石上结束的。

亭间是佞贼一个人的狞笑，亭外是满天下无数人的痛哭，屠刀下落，宏文顿成断章！被喷染的夕阳涂制页页血帆，浪踉跄，船踯躅，黄河倒抽一口凉气，刹那改道……

滚烫的座右铭，一下子变成了冰凉的墓志铭，幸亏那识字也识大体的岳母先行一步，否则她这白发人该怎个哭祭黑发的儿郎？"精忠报国"的每个字，都该活上一百年、一千年、一万年。可这区区三十九度春秋，已蓦为构思之外的残简……

你850年前的一腔热血，化作历史的一把冷汗。莫须有的罪名造奇冤！谁让你满怀抱负、浑身功夫，却赶上了一个有重病而无良药的时代。宫殿里，龙书案后昏庸的半径，量得出民间黑暗的周长。这绝对是悲剧的情节：善良遇上恶毒依旧善良，恶毒遇上善良益发恶毒。

肯于为良知执言的，只有暴死的良知；能够给邪恶张目的，还是活着的邪恶。莫以为前朝才有怪胎，罪恶也并非偶然的宫外孕。

我总梦见影影绰绰的亭上，有蚊虫剔牙，有苍蝇打嗝。醒来不由惊问：风波亭在哪？它是一颗悬于神州大梁的苦胆，让有志有为的卧薪者品尝，明目明心，以认清忠奸。

看历史要细心，看现实要耐心。同为军人，29岁的项羽自杀了，38岁的岳飞被杀了。岳元帅，请原谅我高攀，我与你都有为诗之好，而且我们的理想也大致相同，概括起来就是你说过的那5个字："收拾旧山河！"被别人侵占和被自己污染的山河，都须重新整理。哦！你名字的背面是民族的疮疤，你名字的正面是历史的勋章。

心灵体验　满纸愤怒，满纸不平，是对岳飞的赞美，更是对南宋王朝的控诉。文中多处运用排比、对比等手法，大大增强了文章的气势和表达效果。

放飞思维

1. 作者为什么说"那母亲的叮嘱,如今成了要命包袱"?
2. 第4至第7段中运用了什么手法?具有怎样的表达效果?作者想要表明怎样的意思?
3. 将"风波亭"比作"苦胆"这一艺术手法有什么特点?其用意是什么?对"项羽自杀"和"岳飞被杀"应该如何理解?作者这样写的主要目的是什么?

解读尼克松

◆庄礼伟

> 失败固然令人悲哀。然而,最大的悲哀是在生命的征途中既没有胜利,也没有失败。
>
> 尼克松是一个杰出的人类范本。他令人喜爱又含某些毒素。所以,欣赏尼克松是一次小小的精神探险。
>
> ——尼克松去世前的工作助手莫尼卡·克罗利

差不多整整20年,每年的6月17日,有一个人都要为这个日子而经历一场精神折磨。他就是因1972年6月17日"水门事件"而最终在1974年8月8日辞职的美国前总统理查德·尼克松。

1974年尼克松被迫辞职后的一段时间里可谓一蹶不振。突然降临的失落与忧愤,媒体的穷追猛打和冷嘲热讽,熟人朋友们避之大吉,使62岁的尼克松患上了内分泌失调和血栓性静脉炎。医生说他基本上是一个废人,能苟延残喘就不错了。

这以后的尼克松连续撰写并出版了《尼克松回忆录》、《真正的战争》、《领导者》、《不再有越战》、《1999:不战而胜》和《超越和平》(遗著)等一系列畅销全球的著作,又活了20年,以在野身份继续关心和介入美国内政外交,直到生命的终点。

1994年4月尼克松因病逝世。白宫宣布葬礼的当天为全国志哀日,联邦政府停止办公,邮局停止投邮一天。民主党的克林顿总统代表整个国家对黯然去职的共和党前总统尼克松表示敬意,美国各界2000多人以及88个国家的400多名代表参加了葬礼。尼克松为恢复名誉的顽强努力终于有了回报。

作为政治学公共话题的"尼克松"

尼克松在去世前就已成为政治学家和心理学家争相研究的对象。义愤填膺的政治学家在各自的大作中质问:"这个骗子是怎么当上总统的?"嘴角挂着冷酷微笑的心理学家则把尼克松当做一个病例来加以研究。受尼克松提携并与之亲密共事的基辛格博士在回忆录中,把尼克松描写成一个胆怯、自尊心过强、犹疑不定、言行可笑的人。

当年尼克松与肯尼迪竞选总统时,以0.2%的得票率差距败给对方,这倒罢了;肯尼迪在总统任上没干多久,就获得了持久的居高不下的声望,而39岁成了副总统(干了两届)和两次当选总统(1968、1972)的尼克松,在"水门事件"之后就作为肯尼迪的反面而存在,罪行"发人深省""永远不许翻案"。可以想像当下台后的尼克松偶尔路过这里时,心中是多么苦涩。如果没有坚强的信念和毅力,尼克松大概难以走完"水门事件"后的20年痛苦而漫长的人生旅程。

不知是怀恨在心还是历来清醒,尼克松对美国媒体的某些做派持强烈的批评态度。他在《领导者》一书中写道:"电视像洗脑剂,使事实和幻想的界限已经被混淆到不易被人们察觉的地步……电视是家庭化了的好莱坞,它像一块梦幻的土地,人们越是习惯于通过电视屏幕去观察世界,他们的思想就越会被梦幻世界所左右。"不知是感同身受还是打抱不平,尼克松还强烈抗议:"新闻媒介用显微镜审视一位知名人士是无可非议的,用直肠镜则太过分了!"

政治家与媒体,真个是爱恨交织。

然而就一般状况而言,媒体的自由报道是能够接近事实和真相的。现在美国舆论普遍认为,就"水门事件"本身,尼克松可能并不知情,更没有参与策划,只不过领头犯案的是尼的手下,尼克松当然负有连带责任。国会对尼克松的三点弹劾理由是:1.阻挠司法;2.滥用职权;3.抗拒国会传讯。这是美国宪政体系对尼克松在权力优越感之下的傲慢与不诚实的严厉惩罚,这也是美国政治制度自动起修复作用的结果。当年为"老朋友"尼克松打抱不平的毛泽东熟读充满宫廷阴谋和倾轧的《二十四史》,实在不能理解尼克松为什么不是因为"阴谋"而被搞下去的。

就事实而言,尼克松可以说是在媒体和法律的合力下,为维护宪法尊严和个人尊严而不得不引咎辞职的。

作为心理学研究课题的"尼克松"

作为加利福尼亚南部某位柑橘种植者的儿子,尼克松一生的大部分时间都处于劣势。也正是这种家庭出身给了尼克松自强不息的品质,也使"尼克松"这个公

众话题蕴含了更为深广的吸引力。在加州的"尼克松图书馆及出生地"吸引了世界各地的访客,他们试图来这里了解一个平凡的农家少年如何在尘世的波谷浪尖中奋力前行、克服心魔、战胜自我的"宏大历程"。

笔者对这位被权力优越感惯坏了或被搞糊涂了的政治家始终好感多于恶感。饱经风霜的人生经历使尼克松有一种内在的吸引力。这倒不是同情弱者的心态使然。如果站在被剥夺一切官职和名誉的佝偻着的那个老年尼克松面前,你仍会透过他的眼神发觉他的内心强大得令你只能仰视。尼克松在政治上的率直、原则性(如与赫鲁晓夫的"厨房辩论")和在国际政治方面纵横捭阖的雄才大略固然令人钦敬,他一生中所表现出来的坚忍不拔和对国家的强烈忠诚,具有更为普遍的意义。从权力和荣誉的巅峰跌落到地平线以下后,尼克松迅速摆脱了挫折的追袭,战胜了人性中的弱点,重新攀上了人生的巅峰。

"批判我的人不断地提醒我,说我做得不够完美,没错,可我尽力了。"尼克松如是说。他不怕失败,因为他知道还有未来。他说:"失败固然令人悲哀。然而,最大的悲哀是在生命的征途中既没有胜利,也没有失败。"

尼克松最早传入中国的著作是他中年时写的《六次危机》。被尼克松评论为"具有巫师气质"的毛泽东曾在尼克松来访时赞扬过这本书。毛泽东的这句称许令尼克松后半辈子一直心存感念,因为《六次危机》中写了许多逆境,尼克松后来说道:"从长征过来的人最懂得什么是逆境。"政治并不是天堂,有时它是地狱,而勇往直前一身创伤地"come back"(归来,尼克松最喜欢的词之一),是只有身临其境者才能充分体味的巅峰境界。

1945年9月,除了年轻一无所有的退役军官尼克松宣布角逐国会议员席位,开始了他长达半个世纪的政治生涯。他租的廉价办公室的隔壁是养貂的房间,夜半尼克松写演讲稿时,常听到貂的尖厉叫声。这些尖厉叫声,让尼克松很快就熟悉了政治,并让他具有了绝不临阵退缩的勇气。

尼克松不仅不惧怕社会规律的压力,而且也不惧怕自然规律的袭压。20世纪90年代,当退休后的里根来探访尼克松时,尼克松发现来访者患有大脑退化的症状,他的第一个想法和行动就是开始阅读更多的书,记更多的事,他要把打败里根的那个自然力量堵在门外。

尽管每年的6月17日是一个令尼克松难堪的日子,但他并不回避,他以坦诚的悔恨和努力地为国服务来寻求国民的原谅,他希望不用等到他去世,一个"新尼克松"重新从泥水中站立起来。关于"水门事件"前后的尼克松,有必要继续做"病态心理研究",但1974年以后的尼克松,基本上是处在一种积极、健康的心理状态。

回顾纷纭的世事,一位20多岁的姑娘,尼克松晚年的工作秘书莫尼卡·克罗利,以犀利的心理分析解剖了国人对尼克松的"不正常心理":

其他人犯下了同样深重的罪孽,却可以安然无恙;惟独对他发动了无情的抨击,最后演变为一种全国性的心理活动,以说服我们相信:我们的近代史不像表面上那样遭受严重破坏,纵然有破坏那也全部是尼克松一手造成的。他自己为自己包扎伤口,我们却拿着从他那里剥下来的政治头皮,把它当做战利品,以此证明那动荡不堪的年代至少产生了一个表面上公正的结果。我们把他当做一个容器,从他头上发泄我们所有的自怨自艾和被误导的骚动不安的情绪。

美国当代的马基雅维里

这里所说的马基雅维里,不主要是那个主张政治阴谋,主张"狮子般雄心、狐狸般狡猾"的"马基雅维里主义者"的马基雅维里,而是那个历史中的真实的爱国者马基雅维里。

马基雅维里是文艺复兴时期的思想巨人之一。马克思称赞马基雅维里能够"用人的眼光"来观察国家和政治。马基雅维里虽然没有在政治上攀上巅峰和实现自己的政治理想,但他在远离政治中心后反而更加关注政治和国家命运,在逆境和寂寞之路上,马基雅维里是尼克松的先行者和楷模。事实上尼克松也多次和身边的人谈起马基雅维里其书其人。

1513年,经罢官和牢狱之灾后,马基雅维里以一介村夫的身份,在乡下过着贫困的劳动生活,但他位卑不敢忘忧国,发愤写作,成为了近代西方政治学的奠基人。马基雅维里把生活分为两截:白天在农民当中劳动和生活,夜晚单独与古人晤对,探索治国之道。"黄昏时分,我就回家,回到我的书斋。在房门口,我脱下了沾满尘土的白天的工作服,换上朝服,整我威仪,进入古人所在的往昔的宫廷……在4小时里,我毫不感到疲倦,我忘记了一切烦恼,我不怕穷,也不怕死。我完全被古人迷住了。"

作为一位不怕羞辱、不惧逆境的伟大的爱国者,马基雅维里撰写了一系列关于富国强兵、民族独立的韬略,尽管被后人以偏概全地总结为"阴谋术"和"反道德",但马基雅维里本人却是一个品格方正之人,他的儿子也为保卫国家而英勇战死。现在马基雅维里没有后代,墓地也无从考证。

就尼克松而言,他的个人品格并非无懈可击,至少他站在权力巅峰的那种傲慢和欺瞒相当令人不齿。但两人在失官后以策论报国、发奋著述的心境实在是太相似了。

尼克松和马基雅维里一样深谙现实政治的规律和热爱自己的祖国。效忠美国，是尼克松著作中的主旋律。正是为了效忠美国，他称赞说："马基雅维里了解事实的真相。他写作《君主论》的时间是16世纪初，但从那时以来，政治一丁点儿都没有改变。一丁点儿都没有。运动员当然都换了，游戏规则却一模一样。"

黑格尔非常推崇近代政治中的两个英雄人物，一个是马基雅维里，一个是法国统一的捍卫者黎塞留——都是为国鞠躬尽瘁的"阴谋家"。如果现在黑格尔在坟墓里叹口气要说话，他没准会说：还有两个人，一个是中国三国时代的诸葛亮，一个是1974年之后美国的尼克松，他们都够"坏"的。

尼克松提出了打破坚冰与红色中国建立关系的战略构思，在当时的"苏联霸权主义者"看来，这是最最阴损歹毒的计谋。尼克松又是苏联解体后最强烈要求援助俄罗斯的战略家（他的这一观点连他的老对手《华盛顿邮报》也称赞有加），同时也是最早论述北约东扩挤压俄罗斯的战略家，所有这些变化多端的伎俩，都有一个共同的指向：美国的国家利益。尼克松在临终前不到一个月，还出访莫斯科，对俄罗斯各派政治力量进行接触与评估，为美国调整对俄罗斯的政策提供了第一手材料，真是可谓"老臣之心"。

下野对于尼克松来说也是一种解放，他遍览古圣今贤之书，并像教授对学生上课一样向工作助手发表他对柏拉图、亚里士多德、洛克、卢梭、托克维尔、穆勒、黑格尔、马克思、托尔斯泰等人思想的看法。挫折、忧愤使尼克松成为一个深怀智慧的人。他不断地阅读和写作，和古人对话，并反思自己的过去，评论当前美国政治家的所为，以自己独特的方式要继续为国家服务。

"生活的目标应该是比生活更重要的东西。如果不投入到比你自身更伟大的事业中，你就看不到生命的意义。那是找到自我的惟一途径。"这段保尔·柯察金式的言论出自尼克松之口并不奇怪，这都是当生命中最重要的某个部分失去之后积极的而非消极的大彻大悟。

政治家是渺小的

尼克松在他的遗著《超越和平》中，也终于认识到政治家的渺小。他说："我们必须牢记，美国今天之所以成为一个伟大的国家，并不是因为政府为人民所做的事，而是因为人民为他们自己以及人民相互之间所做的事。"

尼克松以政治家的身份下台，以思想家的身份辞世。任何人都有可能遭遇逆境，而尼克松的"come back"轨迹，却是少见的坚忍和漂亮。

心灵体验

文章以小标题的形式从不同的角度对尼克松进行述评,将一个在政治上有点儿"坏"的尼克松推到读者面前。正如作者所说,"政治并不是天堂,有时它是地狱",在这天堂与地狱交替变换的地界,我们分明看到一位老人勇往直前一身创伤地"come back"。

放飞思维

1. 阅读本文,我们分明感受到了一份历史的真实。你知道这是为什么吗?
2. 你怎样评价尼克松这一历史人物?
3. 查阅更多有关尼克松的资料,为他写一篇小传。

最后一位戴罪的功臣

◆ 梁 衡

林则徐是皇家钦定的、中国古代最后的一位罪臣,又是人民托举出来的、近代史开篇的第一位功臣。

既然中国近代史是从1840年鸦片战争算起,禁烟英雄林则徐就是近代史上第一人。可惜这个第一英雄刚在南海点燃销烟烈火,就被发往新疆接受朝廷给他的处罚。功与罪在瞬间便交织在一个人身上,将其扭曲再造,像原子裂变一样,产生出一个意想不到的结果。

封建皇帝作为最大的私有者,总是以天下为私。道光在禁烟问题上本来就犹豫,大臣中也分两派。我推想,是林则徐那篇著名的奏折,指出若再任鸦片泛滥,几十年后中原将"无可以御敌之兵"、"无可以充饷之银",狠狠地击中了他的私心,他感到家天下难保,所以就鞭打快牛,顺手给了林一个禁烟钦差。林眼见国危民弱,就出以公心,勇赴重任,表示"若鸦片一日未绝,本大臣一日不回,誓与此事相始终"。他太天真,不知道自己"回不回"、鸦片"绝不绝",不是他说了算,还得听皇上的。果然他上任只有一年半,1840年9月,就被革职贬到镇海。第二年7月又被再"从重发往伊犁效力赎罪"。就在林赴疆就罪的途中,黄河泛滥,在军机大臣王鼎的保荐下,林则徐被派赴黄河戴罪治水。他是一个见害就除,见民有难就救的人,不管是烟害、夷害还是水害都挺着身子去堵。半年后治水完毕，所有的人都论功行赏，惟独他得到的却是"仍往伊犁"的谕旨。众情难平，须发皆白的王鼎伤心得泪如滂沱。林则徐就是在这样一而再、再而三的打击下西出玉门关的。他以诗言志："苟利国家生死以，岂因祸福趋避之。谪居正是君恩厚，养拙刚于戍卒宜。"这诗前两句刻画出他的铮铮铁骨，刚直不阿，后两句道出了他的牢骚与无奈。给我一个谪贬休息的机会，这是皇上的大恩啊，去当一名戍卒正好养拙。你看这话是不是有点像柳永的"奉旨填词"和辛弃疾的"君恩重，且教种芙蓉"。但不同的是，柳被弃于都城闹市，辛被闲置在江南水乡，林却被发往大漠戈壁。辛柳只是被弃而不用，而林则徐却被钦定为一个政治犯。

自从林则徐开始西行就罪，随着离朝廷渐行渐远，朝中那股阴冷之气也就渐趋淡弱，而民间和中下层官吏对他的热情却渐渐高涨，如离开冰窖走进火炉。这种强烈的反差不仅是当年的林则徐没有想到，就是150年后的我们也为之惊喜。

林则徐在广东和镇海被革职时，当地群众就表达出了强烈的愤怒。他们不管皇帝老子怎样说，怎样做，纷纷到林则徐的住处慰问，人数之众，阻塞了街巷。他们为林则徐送靴、送伞、送香炉、明镜，还送来了52面颂牌，痛痛快快地表达着自己对民族英雄的敬仰和对朝廷的抗议。林则徐治河之后又一次遭贬，中原立即发起援救高潮，开封知府邹鸣鹤公开宣示："有人能救林则徐者酬万金。"林则徐自中原出发后，一路西行，接受着为英雄壮行的洗礼。不论是各级官吏还是普通百姓都争着迎送，好一睹他的风采，都想尽力为他做一点儿事，以减轻他心理和身体上的痛苦。山高皇帝远，民心任表达。1842年8月21日，林离开西安，"自将军、院、司、道、府以及州、县、营员送于郊外者30余人"。抵兰州时，督抚亲率文职官员出城相迎，武官更是迎出10里之外。过甘肃古浪县时，县知事到离县31里外的驿站恭迎。林则徐西行的沿途茶食住行都安排得无微不至。进入新疆哈密，办事大臣率文武官员到行馆拜见林，又送坐骑一匹。到乌鲁木齐，地方官员不但热情接待，还专门为他雇了大车五辆、太平车一辆、轿车两辆。1842年12月11日，经过四个月零三天的长途跋涉，林则徐终于到达新疆伊犁。伊犁将军布彦泰立即亲到寓所拜访，送菜、送茶，并委派他掌管粮饷。这哪里是监管朝廷流放的罪臣啊，简直是欢迎凯旋的英雄。林则徐是被皇帝远远甩出去的一块破砖头，但这块砖头还未落地就被中下层官吏和民众接住，并以身相护，安放在他们中间。

现在等待林则徐的是两个考验。

一是恶劣环境的折磨。从现存的资料看，林则徐虽有民众呵护，还是吃了不少苦头，由于年老体弱，路途颠簸，林一过西安就脾痛，鼻流血不止。当他从乌鲁木齐出发取道果子沟进伊犁时，大雪漫天而落，脚下是厚厚的坚冰，无法骑马坐车，只好徒步,趟雪而行。陪他进疆的两个儿子,于两旁搀扶老爹,心痛得泪流满面,遂跪于地上对天祷告:若父能早日得赦召还,孩儿愿赤脚趟过此沟。林则徐到伊犁后,"体气衰颓,常患感冒","作字不能过二百,看书不能及三十行"。历史上许多朝臣就是这样死在被发配之地,这本来也是皇帝的目的之一。林则徐感到一个无形的黑影向他压来,他在日记中写道:"深觉时光可惜,暮景可伤!""频搔白发渐衰病,犹剩丹心耐折磨。"他是以心力来抵抗身病的啊。

二是脱离战场的寂寞。林是一步一回头离开中原的。当他走到酒泉时,听到清政府签订《南京条约》的消息,痛心疾首,深感国事艰难。他在致友人书中说:"自念一身休咎死生,皆可置之度外,惟中原顿遭蹂躏,如火燎原——侧身回望,寝馈皆不能安。"他赋诗感叹:"小丑跳梁谁殄灭,中原揽辔望澄清。关山万里残宵梦,犹听江东战鼓声。"他为中原局势危机,无人可用而急。果然是中原乏人吗?人才被一批一批地撤职流放。和他一起在虎门销烟的邓廷桢早他半年被贬新疆。写下名句"我劝天公重抖擞,不拘一格降人才"的龚自珍,为朝廷提出许多御敌方略,但就是不为采用。龚对西域边防多有研究,提出要陪林赴疆,林考虑自身难保,为了给国家保存人才,坚辞不准。本来封建社会一切有为的知识分子,都希望能被朝廷重用,能为国家民族做一点儿事,这是有为臣子的最大愿望,是他们人生价值观的核心。现在剥夺了这个愿望就是剥夺了他们的生命,就是用刀子慢慢地割他的肉,虎落平川,马放南山,让他在痛苦和寂寞中毁灭。

"腊雪频添鬓影皤,春醪暂惜病颜酡。三年飘泊居无定,百岁光阴已去多。"

"新韶明日逐人来,迁客何时结伴回?空有灯光照虚耗,竟无神诀卖痴呆。"(《除夕书怀》)

他一人这样过除夕:

"雪月天山皎夜光,边声惯听唱伊凉。孤村白酒愁无赖,隔院红裙乐未央。"(《中秋感怀》)

他一人这样过中秋:

"谪居权作探花使。忍轻抛、韶光九十,番风二十四。寒玉未消冰岭雪,毳幕偏闻花气。算修了、边城春禊。怨绿愁红成底事,任花开花谢皆天意。休问讯,春归来。"(《金缕曲·春暮看花》)

他在季节变换中咀嚼着春的寂寞。

当权者实在聪明,他就是要让你在这个环境里无事可做,消磨掉理想意志,不管你怎样的怒吼、狂笑、悲歌,那空旷的戈壁瞬间就将这一切吸收得干干净净,这比有回音的囚室还可怕。任你是怎样的人杰,在这里也要成为常人、庸人、失魂落魄。林则徐是一个有经天纬地之才的良臣,是可以作为历史标点的人物。禁烟的烈火仍在胸中燃烧，南海的涛声还在耳边回响，万里之外朝野上下还在与英国人做无奈的抗争，而他只能面对这大漠的寂寞。兔未死而狗先烹，鸟未尽而弓先藏。"何日穹庐能解脱，宝刀盼上短辕车。"他是一个被捆绑悬于壁上的壮士，心急如焚，而无可用力。

怎么摆脱这种状况？最常规的办法是得过且过，忍气苟安，争取朝廷早点儿召回。特别不能再惹是生非，自加其罪。一般还要想方设法讨好皇帝，贿赂官员。像韩愈当年发配南海，第一件事就是向皇帝上一篇谢恩表，不管心中服不服，嘴上先要讨个好。这时内地林的家人和朋友正筹措银两，准备按清朝法律为他赎罪。林则徐却断然拒绝，他写信说："获咎之由，实与寻常迥异"，"此事定须终止，不可渎呈"。他明确表示，我没有任何错，这样假罪真赎，是自认其咎，何以面对历史？如今这些信稿还存在伊犁的纪念馆里，翰墨淋漓，正气凛然。当我以十二分的虔诚拜读文物柜中的这些手稿时，顿生一种仰望泰山，遥对长城的肃然之敬，不觉想起林公那句座右铭："海纳百川，有容乃大；壁立千仞，无欲则刚。"他没有一点儿私欲，不必向任何人低头，为了自己抱定的主义，他能容得下一切不公平。他选择了上对苍天，下对百姓，我行我志，不改初衷，为国尽力。

爱国臣子和封建君王的本质区别是，前者爱国爱民，以天下为己任；后者爱自己的权位，以天下为己有。当这两者暂时统一，就表现为臣忠君贤，上下一心，并且在臣子一方常将爱国统一于忠君。当这两者不能一致时，就表现为忠臣见逐，弃而不用。在臣子一方或谨遵君命，孤愤而死，如贾谊、岳飞，或暂置君于一旁，为国为民办点实事，如韩愈、辛弃疾、林则徐。他们能摆脱权力高压和私利荣辱，直接对历史负责，所以被历史所接受，所记录。

林则徐看到这里荒地遍野，便向伊犁将军建议屯田固边，先协助将军开垦城边的20万亩荒地。垦荒必先兴水利，但这里无治水习惯与经验，林带头示范，捐出自己的私银，承修了一段河渠。历时4个月，用工210万。这被后人称为"林公渠"的工程，一直使用了123年，直到1967年新渠建成才得以退役。就像当年韩愈发配南海之滨带去中原先进耕作技术一样，林则徐也将内地的水利种植技术推广到清王朝最西北的边陲。他还发现并研究了当地人创造的特殊水利工程"坎儿井"，并大力推广。皇帝本是要用边地的恶劣环境折磨他，他却用自己的意志和才能改造了环境；皇帝要用寂寞和孤闷郁杀他，他却在这亘古荒原上爆出一声惊雷。自古罪臣被流放边地的结局有两种，大部分屈从命运，于孤闷中凄惨地死于流放地，只有少数人能挽命运狂澜于既倒，重新放出生命和事业的光芒。从周文王被拘羑里而演《周易》，到越王被吴所俘后卧薪尝胆，直至邓小平"文革"被贬江西思考中国特色的社会主义，这是生命交响曲中最强的一支，林则徐就属此支此脉。

林则徐在北疆伊犁修渠垦荒卓有成效，但就像当年治好黄河一样，皇帝仍不饶他，又派他到南疆去勘察荒地。北疆虽僻远，但雨量较多，农业尚可。南疆沙海无垠，天气燥热，人烟稀少，语言不通，且北疆南疆天山阻隔，雪峰摩天。这无疑又是对林则徐的一场更大更苦的折磨。现在南北疆已有公路可行，汽车可乘，去年8月盛夏我过天山时，仍要爬雪山，穿冰洞。可想当年林则徐是怎样以羸弱之躯担当此苦任的。对皇帝而言，这是对他的进一步惩罚；而在他，则是在暮年为国为民再尽一点力气。1845年1月17日，林则徐在三儿聪彝的陪伴下，由伊犁出发，在以后一年内，他南到喀什，东到哈密，勘遍东南疆域。他经历了踏冰而行的寒冬和烈日如火的酷暑，走过"车厢簸似箕中粟"的戈壁，住过茅屋、毡房、地穴，风起时"彻夕怒号"，"毡庐欲拔"，"殊难成眠"，甚至可以吹走人马车辆。林则徐每到一地，三儿与随从搭棚造饭，他则立即伏案办公，"理公牍至四鼓"，只能靠第二天在车上假寐一会儿，其工作紧张、艰辛如同行军作战。对垦荒修渠工程他必得亲验土方，察看质量，要求属下必须"上可对朝廷，下可对百姓，中可对僚友"。别人十分不理解，他是一戍边的罪臣啊，何必这样认真，又哪来的这种精神。说来可怜，这次受旨勘地，也算是"钦差"吧。但这与当年南下禁烟已完全不同。这是皇帝给的苦役，活得干，名分全无。他是一切功劳只能记在当地官员的名下，甚至连向皇帝写奏折，汇报工作，反映问题的权利也没有，只能拟好文稿，以别人的名义上奏，这和治黄有功而不上褒奖名单如出一辙。林则徐在诗中写道："羁臣奉使原非分"，"头衔笑被旁人问"。这是何等的难堪，又是何等的心灵折磨啊。但是他忍了，他不计较，只要能工作，能为国出力就行。整整一年，他为清政府新增69万亩耕地，极大地丰盈了府库，巩固了边防。林则徐真是干了一场"非分"之举。他以罪臣之分，而行忠臣之事。而历史与现实中也常有人干着另一种"非分"的事，即凭着合法的职位，用国家赋予的权力去贪赃营私，如王莽、杨国忠、秦桧，直至林彪、胡长清、成克杰。原来社会上无论是大奸、巨贪，还是伪小人，都是以合法的名分而行分外之奸、分外之贪、分外之私的。当然，他们最后也被历史所记录。陈毅有诗"手莫伸，伸手必被捉"，他们被历史捉来，钉在耻辱柱上。可知，世上之事，相差之远者莫如人格之分了。有人以罪身而忍辱负重，建功立业；有人以功位而鼠窃狗盗，自取其耻，自取其罪。

林则徐还有一件更加"分外"的事，就是大胆进行了一次"土地改革"。当勘地工作将结束，返回哈密时，路遇百余官绅商民跪地不起，拦轿告状。原来这里山高皇帝远，哈密王将辖区所有土地及煤矿、山林、瓜园、菜圃等皆霸为己有。汉、维群众无寸土可耕，就是驻军修营房拉一车土也要交几十文钱，百姓埋一个死人也要交银数两。土王大肆截留国家税收，数十年间如此横行竟无人敢管，林则徐接状后勃然大怒，"此咽喉要地，实边防最重之区，无田无粮，几成化外"，立判将土王所占

71

一万多亩耕地分给当地汉、维农民耕种。并张出布告:"新疆与内地均在皇舆一统之内,无寸土可以立私。民人与维吾尔人均在圣恩并育之中,无一处可以异视。必须互相和睦,畛域无分。"为防有变,他还将此布告刻制成碑,"立于城关大道之旁,俾众目共瞻,永昭遵守"。布告一出,各族人民奔走相告,不但有了生计,且民族和睦,边防巩固。要知道他这是以罪臣之身又多管一件"闲事"啊!恰这时清廷赦令亦下,林则徐在万众感激和依依不舍的祝愿声中向关内走去。

150年后,我又来细细寻觅林公的踪迹。当年的惠远城早已毁于沙俄的入侵,在惠远城里我提出一定要谒拜一下当年先生住的城南东二巷故居。陪同说,原城已无存,现在这个城是清1882年,比原城后撤了7公里重建的。这没有关系,我追寻的是那颗闪耀在中国近代史上空的民族魂,至于其载体为何无关本质。共产党夺取天下前的最后一个农村指挥部,我们现在瞻仰的西柏坡村,不也是从山下上撤几十里重建的吗?我小心地迈进那条小巷,小院短墙,瓜棚豆蔓。旧时林公堂前燕,依然展翅迎远客。我不甘心,又驱车南行去找那个旧城。穿过一个村镇,沿着参天的白杨,再过一河渠,一片茂密的玉米地旁留有一堵墙,这就是古惠远城。夕阳下沉重的黄土划开浩浩绿海,如一条大堤直伸到天际。我感到了林公的魂灵充盈天地,贯穿古今。

林则徐是皇家钦定的、中国古代最后的一位罪臣,又是人民托举出来的、近代史开篇的第一位功臣。

心灵体验

一次次地立功,一次次地遭贬,这便是林则徐的命运。然而,林公的伟大之处正在于,面对着如此的不公,仍旧为百姓谋利,为国家聚财,这是何等的伟大与艰难啊!

林则徐的确象征了一个时代,一个充满了战乱和黑暗的时代;也象征了一个民族,一个苦难而悲壮的民族。

放飞思维

1. 从网上查找有关林则徐的资料,增强对这一历史人物的认识。
2. 本文成功地塑造了林则徐这一人物形象,试分析其成功之处。
3. 讲一讲关于林则徐禁烟的历史故事,然后写下来。

沉　船
——为邓世昌而作

◆高洪波

> 39岁的邓世昌，邓壮节，邓大人，以辽阔黄海为自己灵魂的栖息地，精神的驰驱场，任浪花冰溅，激情澎湃着，直到一个又一个世纪……

39岁的年龄，你已为国捐躯了。你沉入一片浓且稠的黑暗中，有咸腥的海水呛入你的肺；你吐出最后一个含氧的气泡，努力睁大双眼，想最后看一眼你的致远舰，你的龙旗，你的被火炮熏黑了脸膛的部属们，以及那只挥之不去的爱犬。可是你已经望不见这一切，你摇摇头，想赶走遮住、罩在眼前的无边的黑暗，可惜你连这点力气都没有了，残存在大脑中的最后一点儿意识正渐渐消散殆尽，你知道自己已不再属于自己，也许，这就是死吧？你费力地想道。

海水再次涌入你的鼻腔，黄海的咸且腥的水。你已不再有任何知觉，海水吞没了你，一尾小鱼从你的鼻尖上游过，它游动的尾鳍掠动了你的睫毛，你努力想再一次看一眼这生活过39个春秋的世界，可是一切已然远去，小鱼受惊般倏然游走，如一支离弦的羽箭，海水又涌了上来。

一座海是一座坟。

惟有这样的广阔墓地，才可以安放你的灵魂。一个舰长的不屈的灵魂，一个19世纪中国武士英武豪壮的灵魂。一个为了军旅的荣誉、为了祖国和朝廷的光荣舍命相搏的好汉！

以你的游泳技能，加上在你身旁拼命游动的伙伴、爱犬，你完全能够借助自己和别人的力量生存下来，可是你断然拒绝了这种选择。人在舰在，既然生死与共的致远号已沉入水中，那莫名的悲愤想必让你痛不欲生。你恨狡黠的敌手吉野最后施放的那枚鱼雷，也恨自己躲闪不及，壮志未酬，壮志未酬啊，弹尽后的最后一次攻击，大无奈和大无畏的一击，被鱼雷无情地阻隔了，否则，否则舰与舰相撞的刹那，定然是惊天动地的另一种景象。

邓大人就这样走了。

致远号巡洋舰也这样沉没了。

人类与海洋有过千丝万缕的联系，沉船是割断这种联系的最残酷的方式之一，尤其是海战中的非自然沉船。写到这里，偶翻《清稗类钞》第6册，内中有《邓壮节阵亡黄海》，可以作为这篇短文的古典式收尾：

　　光绪甲午八月十七日，广东邓壮节公世昌乘致远舰与日人战于黄海，致远中鱼雷而炸沉，邓死焉。先是，致远之开机进行也，舰中秩序略乱，邓大呼曰："吾辈从军卫国，早提生死于度外。今日之事，有死而已，奚事纷纷为？况吾辈虽死，而海军声威不至坠落，亦可告无罪。"于是众意渐定。观此则知邓早以必死自期矣。邓在军中激扬风义，甄拔士卒，有古烈士风。遇忠孝节烈事，极口表扬，凄怆激楚，使人雪涕。

　　不知道邓世昌在战场上最后作的"动员"是怎样传出来的？按《辞海》解释，"全舰官兵250人壮烈牺牲"，当无一人生还。可是《清稗类钞》所载又绘声绘色，所以我判定邓大人的部属是有幸存者的，否则朝廷赐"壮节"的谥号毫无道理。

　　甲午海战中，冰心老人的父亲便是幸存者之一，可见邓世昌完全有可能游回岸上。但他断然选择了死亡。"今日之事，有死而已"，何等的凛然豪壮！谁说千古艰难惟一死，邓世昌沉海的选择，在我看来自然而然，较之《泰坦尼克号》上男主角的情意缠绵来，更惨烈更悲壮也更具有男儿血性！

　　邓世昌的爱犬最后也随他而去，据说这只通灵性的狗一直想救主人，衔着他的衣袖不肯松口，邓世昌断然推开了它，当他们目光对视的时候，这只小狗想必也读出了自己主人必死的决心，它便以身殉主了。

　　这只小狗没见诸正史，电影《甲午海战》中也缺少了这一笔，可我相信这是历史的真实。

　　致远号巡洋舰的沉没，是北洋水师耻辱的败绩，大清帝国无奈的衰落，但对邓世昌个人而言，则是另一种意义上的永生。

　　39岁的邓世昌，邓壮节，邓大人，以辽阔黄海为自己灵魂的栖息地，精神的驰驱场，任浪花冰溅，激情澎湃着，直到一个又一个世纪……

心灵体验

　　这是一座丰碑，一座历史的丰碑。丰碑为他而树。

　　100多年过去了，历史的沉重步伐走过了一条漫长而曲折的道路。在这漫长的道路中，死者何其多也。然而邓世昌，那个年仅39岁的邓世昌，那个沉入黄海的邓世昌，他和他的致远舰却永远地沉入了人们的心底，任岁月流逝，永不褪色。

　　邓世昌——清王朝腐朽历史中闪光的一页！

放飞思维

1. 据作者所言,甲午海战中,致远舰沉没时,邓世昌完全可能游上岸,但他却选择了死亡。你能想像出他当时的心理吗?你怎样评价他的这一选择?

2. 查阅有关甲午海战的资料,简要描述致远舰沉没时的情景。

凝望蔡元培

◆郑 勇

有其位者不一定有其识,有其识者不一定有其位;有其位有其识者,不一定有其时——集天时地利人和于一身,才可能有蔡元培出掌北大时之挥洒自如。

蔡先生就是蔡先生。这是北大同仁的共感。言下之意似乎含有无限的爱戴尊敬,也似乎说天下没有第二个蔡先生。别人尽管可有长短处,但是对于蔡先生大家一致,再没有什么可说的。所以也没人称他为蔡校长。做北大校长也好、中央研究院院长也好、教育部长也好,总是让人心悦诚服的。一个国家有这么一个老成人,大家总觉得兴奋一点儿。何以这样?因为他是蔡先生。论资格,他是我们的长辈;论思想精神,他也许比我们年轻。论著作,北大教授很多人比他多;论启发中国新文化的功劳,他比任何人大。可惜他过去在我们战乱时期中,到现在还没有个纪念碑。这回百年寿诞,大家以口为碑,以心为碑,以文为碑,是应该的。

这是林语堂在蔡元培辞世27年后写的一篇文章的开头一段话。文章题目就叫《想念蔡元培先生》。

以口为碑,所以蔡先生的事业会代代相传;以心为碑,所以蔡先生的精神才更感人至深;以文为碑,所以蔡先生的功德会寿于金石而不朽。不仅林语堂先生想起蔡先生时这么心悦诚服;每一个北大人,或许在他们的心中都会有这样类似的感情;不仅北大人,每一个熟悉近现代史的人,对他都会有一份敬意。

近年来经常看到文章谈论北大和清华的差异,而立论者大多借批评一方来抬高另一方。其实,如果抛开地域之见,不难看出这两所同样盛极一时的大学,曾经有过相近的办学理念。不说西南联大的水乳交融,以致你中有我,我中有你;曾经对清华的校风产生过深远影响,几乎相当于蔡先生之熔铸北大的梅贻琦,就曾经在自己的日记里写下这么一段话:

> 对于校局,则以为应追随孑民先生兼容并包的态度,以恪尽学术自由之使命。昔日之所谓新旧,今日之所谓左右,其在学校应均予以自由探讨之机会,情况正同。此昔日北大之所以为北大,而将来清华之为清华,正应于此注意也。

写下这段话的时候,蔡先生已经去世5年了。从这里正可见出梅先生所认同并效法的蔡先生的眼光和胸怀。也可见蔡先生的大学之道不惟对北大一校一时起作用。

既不是北大出身,和蔡先生更没有一面之缘的学人金耀基就说:"蔡先生实不止属于北大的,他是属于整个学术界文化界的。对于蔡先生,只要是读书人,都不能没有一份好感与敬意。"他还写道,1978年5月7日前往参加蔡元培先生新墓碑落成典礼的有近百人,而近半的人都已届古稀之龄,"在正午之阳光下,蔡先生墓前闪耀着一片美丽的银灰色,在这许多白发先生当中真正亲见过蔡先生的恐怕都已是80过外的老人了。"

一群饱经沧桑的老人,心悦诚服地低下他们高贵的头颅,在一个如果活着该已是110岁的老人的墓前。这样一幕阳光下的情景,让我很感动。蔡先生去世那么多年之后,还有那么多人如此惦记着他,这虽然未必是他生前渴望追求的身后之名,但却足以表明是非公道自在人心。这又让我想起1936年,一群自发组织起来的北大师生,惦念着"为国家,为学术,劳瘁了一生,至今还没有一所房屋",依然两袖清风的老校长,于是用民间集资的方式,每人拿出一份微薄的数目,一起为他建造一所房屋,他们在给老校长的信中这样说:

> 我们希望先生把这所大家奉献的房屋,用做颐养、著作的地方;同时这也可以看做社会的一座公共纪念坊,因为这是几百个公民用来纪念他们最敬爱的一个公民的。我们还希望先生的子孙和我们的子孙,都知道社会对于一位终身尽忠于国家和文化而不及其私的公民,是不会忘记的。

我每次看到这一节,就忍不住掩卷叹息。那样的北大师生是难得的:北大人从来不会为强权威逼和铁腕人而摧眉折腰,却不会忘记这样"一介寒儒、书生本色"

(冯友兰语)的老人;更让我怅然若失的是,今日的北大人还是当年的北大人,可是,像当年的蔡先生那样的人今日又到哪里寻找得到呢?即使大家真的建造起那样一所房屋,作为"社会的一座公共纪念坊",又有谁可以像蔡先生一样无愧地接受?这样的惆怅,或许接近于唐人"昔人已乘黄鹤去,此地空余黄鹤楼"的感觉。

一个世纪过去,一个世纪到来,新旧的更替全不管世人的欢呼或拒斥。白云苍狗,世事如棋,一切都在改变,已经改变,正在改变,或即将改变,但总有一些东西,坚硬过于石、柔韧过于蒲苇的东西,还会长久地留驻在那里,不为时光所裹挟而去。在一些并不总是向前看的人看来,蔡元培这样的旧年人物,似乎就是一片让人驻足留恋的"风景"。

蔡先生不是那种性格张扬的人,相反,在众多回忆文章中,他却是那种性格内敛、气色平和的人。在旗帜飘扬、激越地呐喊着的人群里,你大概不会找到他。在我的想像中,他像一棵树一样,谦卑、静默地立足于自己选择的地方,向下深深地扎着根。数年,数十年,甚至上百年以后,他还在那里。与此同时,当年那些飘扬的旗帜或许已经褪色、破碎,那些激越的呐喊声也已经消失在空寂广袤的空气中。只有这样的树,依然坚守在原来的地方,扎根更深,树冠更大,让每一个走过树下享受到浓荫的人感念不止。鲁迅先生盛赞过"中国的脊梁","一介寒儒,书生本色"的蔡先生,却正当得起"脊梁"的称呼;有了蔡先生这样的脊梁,北大才成为中国教育的脊梁。

蔡先生培育的北大,以及北大的精神与传统,也是这样根深叶茂的树,不会因任何风狂雨骤的恶劣环境的摧残而凋谢;蔡先生的教育救国、教育独立的理想,也像这么一棵树,日益成为更多有识之士眼中与心底的风景。因此,每到北大校庆、"五四"纪念日,人们总会格外怀念着他。刚刚过去不久的北大百年庆典,是逼近20世纪之末国人瞩目的事件。自发组织起来的北大校友、师生,自编、自演了话剧《蔡元培》,里面有一句震撼人心的台词:"人人都尊崇我蔡元培,可又有谁真正与我同道呀!"蔡先生有蔡先生的孤独,每一个先行者都难免那种如影随身的孤独。但蔡元培身后的孤独,却是中国教育的悲哀。

我一直相信《旧约·传道书》里面这样的话:"已有的事,后必再有;已行的事,后必再行。日光之下,并无新事。"可是,我也相信总是有一些当初有如空谷足音,而后来更及身而绝的事,比如蔡元培的思想自由、兼容并包的八字方针,以及隐含在背后的教育理念,在我看来就像流入沙漠的一脉清流,逐渐消失得无影无踪。"兴亡重温百年计",蔡先生至今依然是无可企及,更无人超越的高峰。这是蔡先生的伟大之处,但又何尝不是北大以及中国教育的悲哀?

对于蔡先生改造旧北大、建构新北大的伟业,陈平原教授有过这样的解释:"有其位者不一定有其识,有其识者不一定有其位;有其位有其识者,不一定有其时——集天时地利人和于一身,才可能有蔡元培出掌北大时之挥洒自如。"想想也

是，办大学、兴教育都不是像个人著述一样的可以闭门造车，需要教育独立或至少相对独立的社会环境。而蔡先生刚好在那么一段难得的时间里，幸运地实现了自己的卓越的理想。

心灵体验

"兼容并包"，不但是一种襟怀，更是一个时代的思想；允许异己思想的存在，不但是一种气度，更是历史发展的必然趋势。秦始皇的焚书坑儒，汉武帝的罢黜百家，朱元璋的科举制度，乾隆的牵连19000人的庄廷鑨《明史》案，都是搞一家之天下的行为。视天下人为一家之子民，视天下物为一家之资产，狭隘的占有欲导致疯狂的行为，无论是刑狱，还是文化，都是为钳天下人之思想，这比钳民之口者更甚。

放飞思维

1. 应怎样理解"蔡元培身后的孤独，却是中国教育的悲哀"？
2. 你怎样评价蔡元培的"兼容并包"？它有什么现实意义？

文天祥的幸与不幸

◆兴 雨

> 如果我们的历史上没有岳飞、文天祥、林则徐、鲁迅、马寅初，而都是赵高、李林甫、秦桧，那我们在世人面前真是抬不起头来。

皇皇史书五千载，记录的人物成千上万，而真正称得上民族英雄的真是屈指可数。可无论多么苛刻的人，都会觉得文天祥当之无愧。他的英雄事迹和"人生自古谁无死，留取丹心照汗青"的诗句，永远像北斗，在我们心头闪耀。他是堂堂正气的化身，中华民族的史书因此有了一点儿亮色。

虽然他在世时历尽坎坷磨难，但比起死于"莫须有"罪名的岳飞和死于敌人反间计的袁崇焕，终究还是幸运的。首先，他在世时没有死于自己人之手，没有像岳飞、袁崇焕两人死后多年才得以平反。民族英雄而死于自己人之手，这是多大的不幸，而他免遭了这个不幸，这真是他的幸运。其次，他的业绩与感情，多记录在自己写的《指南录》和《指南后录》中，别人无法随意篡改。比起一些让后世的人们糟蹋得面目全非或面目模糊的历史人物,这是他的又一大幸。

但他终究是不幸的。他的不幸是,任丞相后他还没有施展自己的才干,就被敌人在谈判时扣留。他更大的不幸是,他一心抗击元军,出生入死地保卫朝廷,可朝廷的代表谢道清太后却签了降表。诗人汪元量专有一诗记录此事:"乱点传筹杀六更,风吹庭燎灭还明。侍臣奏罢降元表,臣妾签名谢道清。"

类似的悲剧不单文天祥遇到。仔细考查历史和现实,我们就会发现,这样的悲剧几乎在过去的每个时代、每个地方都在上演。

你想励精图治,可你的封建主子只想抱残守缺,你的多少宏图大志都只能画饼充饥;你想清正廉明,可你的主子却贪得无厌,你只好望着他填不满的私囊长吁短叹;你想有所作为,可你的主子却浑浑噩噩,弄得你有劲无处使,有计无处用,最后也不得不随波逐流。

难怪有那么多聪明人,千方百计地揣摩主子意图,他们也许只是为了出力而且讨好,而不想像有些人费力不讨好。

有时,有些人天真地以为,只要自己卖力气了,就会得到上司的青睐。其实,事情并不这么简单。比如,你的上司只想稳稳当当、太太平平混日子,你却总想这也改革,那也突破,你的上司可能就不愉快;你的上司好大喜功想弄虚作假,你却丁是丁卯是卯,一个小数点都不肯随便点,那无疑是给自己找不自在;你的上司愿意风光愿意摆谱,你却处处谨小慎微,这也不敢吃,那也不敢玩儿,虽然是给上司节省,可上司并不领情;如果上司任人惟亲,你却总主张任人惟贤,上司就会觉得你在和他过不去。

如果我们的历史上没有岳飞、文天祥、林则徐、鲁迅、马寅初,而都是赵高、李林甫、秦桧,那我们在世人面前真是抬不起头来。

心灵体验

文天祥,一个响亮的名字,一个不朽的形象。他的不幸,是那个时代的不幸,更是我们这个民族的不幸。让我们永远记住他——民族英雄文天祥!

放飞思维

1. 作者说文天祥是堂堂正气的化身,中华民族的史书因此有了一点儿亮色。你怎样理解作者的这一说法?

2. 文天祥的不幸,是由什么造成的?由文天祥的不幸,你联想到了什么?

3. 应怎样理解文章的最后一段?

读 韩 愈

◆ 梁 衡

> 他两次犯上直言，被贬后又继续尽其所能为民办事。这是中国知识分子的传统，以国为任，以民为本；不违心，不费时，不浪费生命。

韩愈为唐宋八大家之首，其文章写得好是真的。所以，我读韩愈其人是从读韩愈其文开始的，因为中学课本上就有他的《师说》、《进学解》。课外阅读，各种选本上韩文也随处可见。他的许多警句，如："师者，所以传道、授业、解惑也"，"业精于勤荒于嬉，行成于思毁于随"等，跨越了一千多年，仍在指导我们的行为。

但由文而读其人却是因一件事引起的。去年，到潮州出差。潮州有韩公祠，祠依山临水而建，气势雄伟。祠后有山曰韩山，祠前有水名韩江。当地人说此皆因韩愈而名。我大惑不解，韩愈一介书生，怎么会在这天涯海角霸得一块山水，享千秋之祀呢？

原来有这样一段故事。唐代有个宪宗皇帝十分迷信佛教，在他的倡导下国内佛事大盛。公元819年，又搞了一次大规模的迎佛骨活动，就是将据称是佛祖的一块朽骨迎到长安，修路盖庙，人山人海，官商民等舍物捐款，劳民伤财，一场闹剧。韩愈对这件事有看法，他当过监察御史，有随时向上面提出诚实意见的习惯。这种官职的第一素质就是不怕得罪人，因提意见获死罪都在所不辞。所谓"文死谏，武死战"。韩愈在上书前思想好一番斗争，最后还是大义战胜了私心，终于实现了勇敢的"一谏"，谁知奏折一递，就惹来了大祸；而大祸又引来了一连串的故事，成就了他的身后名。

韩愈是个文章家，写奏折自然比一般为官者也要讲究些，于理、于情都特别动人，文字铿锵有力。他说那所谓佛骨不过是一块脏兮兮的枯骨，皇帝您"今天故取朽秽之物，亲临观之"，"群臣不言其非，御史不举其失，臣实耻之。乞以此骨付之有司，投诸水火，永绝根本……岂不盛哉，岂不快哉"！这佛如果真的有灵，有什么祸殃，就让他来找我吧。（"佛如有灵，能作祸祟，凡有殃咎，宜加臣身。"）这真有一股不怕鬼、不信邪的凛然大气和献身精神。但是，这正应了我们现时说的，立场不同，感情不同这句话。韩愈越是肝脑涂地陈利害表忠心，宪宗就越觉得他是在抗龙颜，揭龙鳞，大逆不道。于是，大喝一声把他赶出京城，贬到8000里外的海边潮州去当地方小官。

韩愈这一贬,是他人生的一大挫折。因为这不同于一般的逆境,一般的不顺,比之李白的怀才不遇,柳永的屡试不第要严重得多,他们不过是登山无路,韩愈是已登山顶,又一下子被推到无底深渊。其心情之坏可想而知。他被押送出京不久,家眷也被赶出长安,年仅12岁的小女儿也惨死在驿道旁。韩愈自己也觉得实在活得没有什么意思了。他在过蓝关时写了那首著名的诗。我向来觉得韩愈文好,诗却一般,只有这首,胸中块垒,笔底波涛,确是不一样:

  一封朝奏九重天,夕贬潮州路八千。
  欲为圣明除弊事,肯将衰朽惜残年。
  云横秦岭家何在?雪拥蓝关马不前。
  知汝远来应有意,好收吾骨瘴江边。

这是给前来看他的侄儿写的,其心境之冷可见一斑。但是,当他到了潮州后,发现当地的情况比他的心境还要坏。就气候水土而言这里还算富庶,但由于地处偏僻,文化落后,弊政陋习极多极重。农耕方式原始,乡村学校不兴。当时在北方早已告别了奴隶制,唐律明确规定了不准没良为奴,这里却还在买卖人口,有钱人养奴成风。"岭南以口为货,其荒阻处,父子相缚为奴。"其习俗又多崇鬼神,有病不求药,杀鸡杀狗,求神显灵。人们长年在浑浑噩噩中生活。见此情景韩愈大吃一惊,比之于北方的先进文明,这里简直就是茹毛饮血。同为大唐圣土,同为大唐子民,何忍遗此一隅,视而不救呢?用我们现在的话说,就是同在一片蓝天下,人人都该享有爱。按照当时的规矩,贬臣如罪人服刑,老老实实磨时间,等机会便是,决不会主动参政。但韩愈还是忍不住,他觉得,自己的知识、能力还能为地方百姓做点儿事,觉得比之百姓之苦,自己的这点儿冤、这点儿苦反倒算不了什么。于是他到任之后,就如新官上任一般,连续干了四件事。一是驱除鳄鱼。当时鳄鱼为害甚烈,当地人又迷信,只知投牲畜以祭,韩愈"选材技吏民,操强弓毒矢",大除其害。二是兴修水利,推广北方先进耕作技术。三是赎取奴婢。他下令奴婢可以工钱抵债,钱债相抵就给人自由,不抵者可用钱赎,以后不得蓄奴。四是兴办教育,请先生,建学校,甚至还"以正音为潮人诲",用今天的话说就是推广普通话。不可想像,从他贬潮州到再离潮而贬袁州,8个月就干了这四件事。我们且不说这事的大小,只说他那片诚心。我在祠内仔细看着题刻碑文和有关资料。韩愈的确是个文人,干什么都要用文章来表现,也正是这一点为我们留下了如日记一样珍贵的史料。比如,除鳄之前,他先写了一篇《祭鳄鱼文》,这简直就是一篇讨鳄檄文。他说我受天子之命来守此土,而鳄鱼悍然在这里争食民畜,"与刺史亢拒,争为长雄。刺史虽驽弱,亦安肯为鳄鱼低首下心"。他限鳄鱼三日内远徙于海，三日不行五日，五日不行七日，再不行就是傲天子之命吏，"必尽杀乃止"！阴雨连绵不开，他连写祭文，祭于湖，祭于城隍，祭于石，请求天晴。他说天啊，老这么下雨，稻不得熟，蚕不得成，百姓吃什么，穿什么呢？要是我为官的不好，就降我以罪吧，百姓是无辜的，请降福给他们。（"刺史不仁，可以坐罪；惟彼无辜，惠以福也。"）一片拳拳之心。韩愈在潮州任上共有十三篇文章，除三篇短信，两篇上表外，余皆是驱鳄鱼祭天，请设乡校，为民请命祈福之作。文如其人，文如其心。当其获罪海隅，家破人亡之时，尚能心系百姓，真是难能可贵了。

一个人为文不说空话，为官不说假话，为政务求实绩，这在封建时代难能可贵。应该说韩愈是言行一致的。他在政治上高举儒家旗帜，是个封建传统思想道德的维护者。传统这个东西有两面性，当它面对革命新潮时，表现出一副可憎的顽固面孔。而它面对逆流邪说时，又表现出撼山易撼传统难的威严。韩愈也是这样，他一方面反对宰相王叔文的改革，一方面又对当时最尖锐的两个社会问题，即藩镇割据和佛道泛滥，深恶痛绝，坚决抨击。他亲自参加平定叛乱。到晚年时还以衰朽之身一人一马到叛军营中劝敌投诚，其英雄气概不亚于关云长单刀赴会。他出身小户，考进士三次落第，第四次才中进士，在考官时又三次碰壁，乌纱帽得来不易，按说他该惜官如命，但是他两次犯上直言，被贬后又继续尽其所能为民办事。这是中国知识分子的传统，以国为任，以民为本；不违心，不费时，不浪费生命。他又倡导古文运动，领导了一场文章革命，他要求"文以载道""陈言务去"，开一代文章先河，砍掉了骈文这个重形式求华丽的节外之枝，而直承秦汉。所以苏东坡说他："文起八代之衰，道济天下之溺。"他既立业又立言，全面实践了儒家道德。

当我手倚韩祠石栏，远眺滚滚韩江时，我就想，宪宗佞佛，满朝文武，就是韩愈敢出来说话，如果有人在韩愈之前上书直谏呢？如果在韩愈被贬时又有人出来为之抗争呢？历史会怎样改写？还有在韩愈到来之前潮州买卖人口、教育荒废等四个问题早已存在，地方官吏走马灯似的换了一任又一任，其任职超过8个月的也大有人在，为什么没有谁去解决呢？如果有人在韩愈之前解决了这些问题，历史又将怎样写？但是没有，什么都没有。长安大殿上的雕梁玉砌在如钩晓月下静静地等待，秦岭驿道上的风雪，南海丛林中的雾瘴在悄悄地徘徊。历史终于等来了一个衰朽的书生，他长须弓背双手托着一封奏折，一步一颤地走上大殿，然后又单人瘦马，形影相吊地走向海边天涯。

人生的逆境大约可分四种。一曰生活之苦，饥寒交迫；二曰心境之苦，怀才不遇；三曰事业受阻，功败垂成；四曰存亡之危，身处绝境。处逆境之心也分四种，一是心灰意冷，逆来顺受；二是怨天尤人，牢骚满腹；三是见心明志，直言疾呼；四是

82

泰然处之,尽力有为。韩愈是处在第二、第三种逆境,而选择了后两种心态,既见心明志,著文倡道,又脚踏实地,尽力去为。只这一点他比屈原、李白就要多一层高明,没有只停留在蜀道叹难、江畔沉吟上。他不辞海隅之小,不求其功之显,只是奉献于民,求成于心。有人研究,韩愈之前,潮州只有进士3名,韩愈之后,到南宋时,登第进士就达172名。是他大开教育之功。所以韩祠中有诗曰:"文章随代起,烟瘴几时开。不有韩夫子,人心尚草莱!"这倒使我想到现代的一件实事。1957年反右扩大化中,京城不少知识分子被错划为右派,并发配到基层。当时王震同志主持新疆开发,就主动收容了一批。想不到这倒促成了春风度玉门,戈壁绽绿荫。那年我在石河子采访,亲身感受到充边文人的功劳。一个人不管你有多大的委屈,历史绝不会陪你哭泣,而它只认你的贡献。悲壮二字,无壮便无以言悲。这宏伟的韩公祠,还有这韩山韩水,不是纪念韩愈的冤屈,而是纪念他的功绩。

李渊父子虽然得了天下,大唐河山也没有听说哪山哪河易姓为李,倒是韩愈一个罪臣,在海边一块蛮夷之地视政8个月,这里就忽然山河易姓了。历朝历代有多少人希望不朽,或刻碑勒石,或建庙建祠,但哪一块碑哪一座庙能大过高山,永如江河呢?这是人民对办了好事的人永久的纪念。一个人是微不足道的,但是当他与百姓利益,与社会进步联在一起时就价值无穷,就被社会所承认。我遍读祠内凭吊之作,诗、词、文、联,上迄唐宋下至当今,刻于匾,勒于石,大约不下百十来件。一千多年了,各种人物在这里将韩公不知读了多少遍。我心中也渐渐泛起这样的四句诗:

一封朝奏九重天,夕贬潮州路八千。
八月为民兴四和,一片江山尽姓韩。

心灵体验

"有的人死了,他还活着。有的人活着,他已死去。"千百年来,在历史的长河中,死去的人何可胜数,又有几人还记得他们的姓名?

韩愈一介书生,一个罪臣,却能使"一片江山尽姓韩",至今,人们仍怀念他,敬佩他。他身上那种不怕鬼、不信邪的凛然大气;以国为任、以民为本的爱国之心;身处逆境见心明志,著文倡道,又脚踏实地,尽力去为的献身精神,是可歌可泣、可敬可佩的。他是中华民族的脊梁。

放飞思维

1. 韩愈是我国著名的散文家,唐宋八大家之一。你能说出他的散文的特点吗?

83

2. 韩愈因何被贬至潮州？从韩愈被贬可看出当时唐朝社会自上而下尊奉什么？今天的你对当时的这种风气作何评价？

苏东坡突围

◆余秋雨

引导千古杰作的前奏已经鸣响，一道神秘的天光射向黄州，《念奴娇·赤壁怀古》和前后《赤壁赋》马上就要产生。

一

住在这远离闹市的半山居所里，安静是有了，但寂寞也来了，有时还来得很凶猛，特别在深更半夜。只得独个儿在屋子里转着圈，拉下窗帘，隔开窗外壁立的悬崖和翻卷的海潮，眼睛时不时地瞟着床边那乳白色的电话。它竟响了，急忙冲过去，是台北《中国时报》社打来的，一位不相识的女记者，说我的《文化苦旅》一书在台湾销售情况很好，因此要作越洋电话采访。问了我许多问题，出身、经历、爱好，无一遗漏。最后一个问题是："在中国文化史上，您最喜欢哪一位文学家？"我回答：苏东坡。她又问："他的作品中，您最喜欢哪几篇？"我回答：在黄州写赤壁的那几篇。记者小姐几乎没有停顿就接口道："您是说《念奴娇·赤壁怀古》和前、后《赤壁赋》？"我说对，心里立即为苏东坡高兴，他的作品是中国文人的通用电码，一点就着，哪怕是半山深夜、海峡阻隔、素昧平生。

放下电话，我脑子中立即出现了黄州赤壁。去年夏天刚去过，印象还很深刻。记得去那儿之前，武汉的一些朋友纷纷来劝阻，理由是著名的赤壁之战并不是在那里打的，苏东坡怀古怀错了地方，现在我们再跑去认真凭吊，说得好听一点儿是将错就错，说得难听一点儿是错上加错，天那么热，路那么远，何苦呢？

我知道多数历史学家不相信那里是真的打赤壁之战的地方，他们大多说是在嘉鱼县打的。但最近几年，湖北省的几位中青年历史学家持相反意见，认为苏东坡怀古没怀错地方，黄州赤壁正是当时大战的主战场。对于这个争论我一直兴致勃勃地关心着，不管争论前景如何，黄州我还是想去看看的，不是从历史的角度看古战场的遗址，而是从艺术的角度看苏东坡的情怀。大艺术家即便错，也会错出魅力来。好像王尔德说过,在艺术中只有美丑而无所谓对错。

于是我还是去了。

这便是黄州赤壁。赭红色的陡峭石坡直逼着浩荡东去的大江,坡上有险道可以攀登俯瞰,江面有小船可供荡桨仰望,地方不大,但一俯一仰之间就有了气势,有了伟大与渺小的比照,有了视觉空间的变异和倒错,因此也就有了游观和冥思的价值。客观景物只提供一种审美可能,而不同的游人才使这种可能获得不同程度的实现。苏东坡以自己的精神力量给黄州的自然景物注入了意味,而正是这种意味,使无生命的自然形式变成美。因此不妨说,苏东坡不仅是黄州自然美的发现者,而且也是黄州自然美的确定者和构建者。

但是,事情的复杂性在于,自然美也可倒过来对人进行确定和构建。苏东坡成全了黄州,黄州也成全了苏东坡,这实在是一种相辅相成的有趣关系。苏东坡写于黄州的那些杰作,既宣告着黄州进入了一个新的美学等级,也宣告着苏东坡进入了一个新的人生阶段,两方面一起提升,谁也离不开谁。

苏东坡走过的地方很多,其中不少地方远比黄州美丽,为什么一个僻远的黄州还能给他如此巨大的惊喜和震动呢?他为什么能把如此深厚的历史意味和人生意味投注给黄州呢?黄州为什么能够成为他一生中最重要的人生驿站呢?这一切,决定于他来黄州的原因和心态。他从监狱里走来,他带着一个极小的官职,实际上以一个流放罪犯的身份走来,他带着官场和文坛泼给他的浑身脏水走来,他满心侥幸又满心绝望地走来。他被人押着,远离自己的家眷,没有资格选择黄州之外的任何一个地方,朝着这个当时还很荒凉的小镇走来。

他很疲倦,他很狼狈,出汴梁、过河南、渡淮河、进湖北、抵黄州,萧条的黄州没有给他预备任何住所,他只得在一所寺庙中住下。他擦一把脸,喘一口气,四周一片静寂,连一个朋友也没有,他闭上眼睛摇了摇头。他不知道,此时此刻,他完成了一次永载史册的文化突围。黄州,注定要与这位伤痕累累的突围者进行一场继往开来的壮丽对话。

二

我非常喜欢读林语堂先生的《苏东坡传》,前后读过多少遍都记不清了,但每次总觉得语堂先生把苏东坡在黄州的境遇和心态写得太理想了。语堂先生酷爱苏东坡的黄州诗文,因此由诗文渲染开去,由酷爱渲染开去,渲染得通体风雅、圣洁。其实,就我所知,苏东坡在黄州还是很凄苦的,优美的诗文,是对凄苦的挣扎和超越。

苏东坡在黄州的生活状态,已被他自己写给李端叔的一封信描述得非常清楚。信中说：

> 得罪以来，深自闭塞，扁舟草履，放浪山水间，与樵渔杂处，往往为醉人所推骂，辄自喜渐不为人识。平生亲友，无一字见及，有书与之亦不答，自幸庶几免矣。

我初读这段话时十分震动，因为谁都知道苏东坡这个乐呵呵的大名人是有很多很多朋友的。日复一日的应酬，连篇累牍的唱和，几乎成了他生活的基本内容，他一半是为朋友们活着，但是，一旦出事，朋友们不仅不来信，而且也不回信了。他们都知道苏东坡是被冤屈的，现在事情大体已经过去，却仍然不愿意写一两句哪怕是问候起居的安慰话。苏东坡那一封封用美妙绝伦、光照中国书法史的笔墨写成的信，千辛万苦地从黄州带出去，却换不回一丁点儿友谊的信息。我相信这些朋友都不是坏人，但正因为不是坏人，更让我深长地叹息。总而言之，原来的世界已在身边轰然消失，于是一代名人也就混迹于樵夫渔民间不被人认识。本来这很可能换来轻松，但他又觉得远处仍有无数双眼睛注视着自己，他暂时还感觉不到这个世界对自己的诗文仍有极温暖的回应，只能在寂寞中惶恐。即便这封无关宏旨的信，他也特别注明不要给别人看。日常生活，在家人接来之前，大多是白天睡觉，晚上一个人出去溜达，见到淡淡的土酒也喝一杯，但绝不喝多，怕醉后失言。

他真的害怕了吗？也是也不是。他怕的是麻烦，而绝不怕大义凛然地为道义、为百姓，甚至为朝廷、为皇帝捐躯。他经过"乌台诗案"已经明白，一个人蒙受了诬陷即便是死也死不出一个道理来，你找不到慷慨陈词的目标，你抓不住从容赴死的理由。你想做个义无反顾的英雄，不知怎么一来把你打扮成了小丑；你想做个坚贞不屈的烈士，闹来闹去却成了一个深深忏悔的俘虏。无法洗刷，无处辩解。更不知如何来提出自己的抗议，发表自己的宣言。这确实很接近有的学者提出的"酱缸文化"，一旦跳在里边，怎么也抹不干净。苏东坡怕的是这个，没有哪个高品位的文化人会不怕。但他的内心实在仍有无畏的一面，或者说灾难使他更无畏了。他给李常的信中说：

> 吾侪虽老且穷，而道理贯心肝，忠义填骨髓，直须谈笑于死生之际。……虽怀坎壈于时，遇事有可尊主泽民者，便忘躯为之，祸福得丧，付与造物。

这么真诚的勇敢，这么洒脱的情怀，出自天真了大半辈子的苏东坡笔下，是完全可以相信的，但是，让他在何处做这篇人生道义的大文章呢？没有地方，没有机会,没有观看者也没有裁决者,只有一个把是非曲直忠奸善恶染成一色的大酱缸。于是,苏东坡刚刚写了上面这几句,支颐一想,又立即加一句:此信看后烧毁。

这是一种真正精神上的孤独无告,对于一个文化人,没有比这更痛苦的了。那阕著名的《卜算子》,用极美的意境道尽了这种精神遭遇:

缺月挂疏桐,漏断人初静。谁见幽人独往来?缥缈孤鸿影。 惊起却回头,有恨无人省。拣尽寒枝不肯栖,寂寞沙洲冷。

正是这种难言的孤独,使他彻底洗去了人生的喧闹,去寻找无言的山水,去寻找远逝的古人。在无法对话的地方寻找对话,于是对话也一定会变得异乎寻常。像苏东坡这样的灵魂竟然寂然无声,那么,迟早总会突然冒出一种宏大的奇迹,让这个世界大吃一惊。

然而,现在他即便写诗作文,也不会追求社会轰动了。他在寂寞中反省过去,觉得自己以前最大的毛病是才华外露,缺少自知之明。一段树木靠着瘦瘤取悦于人,一块石头靠着晕纹取悦于人,其实能拿来取悦于人的地方恰恰正是它们的毛病所在,它们的正当用途绝不在这里。我苏东坡30余年来想博得别人叫好的地方也大多是我的弱项所在,例如从小为考科举学写政论、策论,后来更是津津乐道于考论历史是非、直言陈谏曲直,做了官以为自己真的很懂得这一套了,洋洋自得地炫耀,其实我又何尝懂呢?直到一下子面临死亡才知道,我是在炫耀无知。30多年来最大的弊病就在这里。现在终于明白了,到黄州的我是觉悟了的我,与以前的苏东坡是两个人。(参见李端叔书)

苏东坡的这种自省,不是一种走向乖巧的心理调整,而是一种极其诚恳的自我剖析,目的是想找回一个真正的自己。他在无情地剥除自己身上每一点儿异己的成分,哪怕这些成分曾为他带来过官职、荣誉和名声。他渐渐回归于清纯和空灵,在这一过程中,佛教帮了他大忙,使他习惯于淡泊和静定。艰苦的物质生活,又使他不得不亲自垦荒种地,体味着自然和生命的原始意味。

这一切,使苏东坡经历了一次整体意义上的脱胎换骨,也使他的艺术才情获得了一次蒸馏和升华。他,真正地成熟了——与古往今来许多大家一样,成熟于一场灾难之后,成熟于灭寂后的再生,成熟于穷乡僻壤,成熟于几乎没有人在他身边的时刻。幸好,他还不年老,他在黄州期间,是44岁至48岁,对一个男人来说,正是最重要的年月,今后还大有可为。中国历史上,许多人觉悟在过于苍老的暮年,换言之,成熟在过了季节的年岁,刚要享用成熟所带来的恩惠,脚步却已踉跄蹒跚;与他们相比,苏东坡真是好命。

成熟是一种明亮而不刺眼的光辉,一种圆润而不腻耳的音响,一种不再需要

对别人察言观色的从容，一种终于停止向周围申诉求告的大气，一种不理会哄闹的微笑，一种洗刷了偏激的淡漠，一种无须声张的厚实，一种并不陡峭的高度。勃郁的豪情发过了酵，尖利的山风收住了劲，湍急的细流汇成了湖，结果……

引导千古杰作的前奏已经鸣响，一道神秘的天光射向黄州，《念奴娇·赤壁怀古》和前后《赤壁赋》马上就要产生。

心灵体验

苏轼是个达观的人，他的一生风雨飘摇，仕途跌宕起伏，依然是"一蓑烟雨任平生"，所以，东坡居士不是居住在坡上，而是居住在自己的诗文和人格里。

他关心民命，关心时政。他是才华横溢的诗人，更是深刻的哲人，怀有健全的人生信念。没有人真正读懂他的内心，他却洞察了人世最深的奥妙。

放飞思维

1. 假如《中国时报》的记者继续提问："你为什么最喜欢苏东坡？"你能根据本文内容，替余秋雨回答这一问题吗？
2. 作者说"苏东坡成全了黄州，黄州也成全了苏东坡"，你如何理解？
3. 读过余秋雨的其他作品吗？你认为他的散文有些什么特点？

布 鲁 诺

◆[美]房 龙

1600年2月17日，他被绑在柱子上活活烧死，骨灰随风飘扬。

他的行刑地是在"花卉广场"。懂意大利语的人来到广场，或许能从这短小精美的比喻中得到启迪。

据说（并非空穴来风），世界大战是一场没有军衔的军官们之间的战争。那些将军、上校和三星衔的战略家们坐在某个无人光顾的别墅的大厅里，守着孤灯残烛,盯着数英里长的地图冥思苦想,终于想出一个新招,夺得半英里的领土(以 3000 人丧生为代价)。与此同时,下级军官、中尉和下士,在聪明的下士帮助和鼓动下,玩忽职守,干着所谓的"黑活",最后导致德国防线全线崩溃。

为争取精神世界独立而进行的伟大远征几乎如出一辙。

没有投入几十万兵力的正面交锋。

没有为敌人炮兵提供活靶子的孤注一掷的冲锋。

我说得更明确一些,大多数人根本不知道在打仗,他们出于好奇心,有时会打听早晨谁被烧死了,明天下午又该轮到谁被绞死。然后,他们发现只是几个亡命之徒在继续为天主教徒和基督徒打心眼里不赞成的某些自由原则进行抗争。但是,我怀疑这类消息会使他们无动于衷。当然,要是自己的叔叔落得如此可悲的下场,那就另作别论,亲戚们定会痛不欲生的。

情况大致如此。殉道者为事业献出了生命,他们的业绩不能简单地用数字公式,或用安培和马力的概念来表示。

攻读博士学位勤奋好学的年轻学生定会仔细阅读乔达诺·布鲁诺文集,耐心细致地收集所有充满感情色彩的字句,如"国家无权告诉人民应该怎样思想"和"社会不应该用刀剑惩处那些不赞同普遍公认的教义的人",并写出题为《乔达诺·布鲁诺(1548~1600)和宗教自由原则》的可被人接受的论文。

但是,我们中那些不愿意再搜集这些陈词滥调的人,必然会从另一个角度来探讨问题。

我们在最后的分析中说过,有一批虔诚之士对当时的宗教狂热深感震惊,对各国平民百姓被迫在强加在自己头上的枷锁下生活感到愤慨,于是他们奋起反叛。他们都是些穷光蛋,除身上的披风外,几乎一无所有,连睡觉的地方也没保障。但是圣火在他们胸中熊熊燃烧。他们穿梭在大地上,发表演讲,撰写文章,把高深学府里的资深教授卷进博大精深的争论里。在普通的乡间酒肆里,他们同乡佬进行屈尊俯就的辩论,并一如既往地宣讲要善意、理解和仁慈地待人。他们衣衫褴褛,提着书和小册子四处奔波,最后患肺炎惨死在波美拉尼亚的穷乡僻壤的小村里,或被苏格兰小村里的酒鬼私刑处死,要不就在法国乡村大道上被车轮碾得粉身碎骨。

如果我提到乔达诺·布鲁诺的名字,我不是想暗示他是这类人中绝无仅有者。不过,他的生活、他的思想和他为认定是正确和值得称道的东西而迸发出来的持久的热情,确是在所有先驱者中具有代表性,堪称他们的楷模。

布鲁诺的父母十分贫穷,他们的儿子是个缺乏天赋的普通的意大利孩子。像一些穷孩子那样,他照例进了修道院,后来他成了多明我会的僧人。他与多明我教会格格不入,因为他看不惯教会的教徒狂热地支持种种迫害,这种教徒被世人称为"教会的忠实警犬"。他们嗅觉灵敏，异教徒无须亮出观点让跟踪的暗探加以辨别，只需一个眼神，一个手势和一耸肩膀便足以露出马脚，被送上宗教法庭。

布鲁诺成长在一切惟命是从的环境中。我说不清楚他后来是怎样成为叛逆者，丢掉《圣经》而捧起塞诺和阿纳克萨哥拉的著作的，这个怪诞的新教徒还未修完规定的课程就被逐出教门，成为流浪者，浪迹天涯。

他翻越阿尔卑斯山。在他之前，已有许多青年人冒着生命危险穿过这个古老的山口，希望能在新教会诞生地，即在罗纳河和河尔弗河汇合处的大森林里找到自由。

但是，他们发现这里或那里总有那么一股精神力量迷惑着人的心灵。改变一个教义并不一定意味着能改变人的心灵，于是，他们中许多人心灰意懒地离开了。

布鲁诺在日内瓦呆了不到3个月。城里挤满了意大利难民，他们为这位老乡买了套新衣服，还替他找了份校对员的工作。到了晚上，他就读书写作。他搞到一本德·拉·拉梅的著作，终于找到了情投意合的人。德·拉·拉梅也认为中世纪教科书所宣扬的暴政不废除，世界便不能进步。布鲁诺并没有像自己的著名的法国老师走得那么远，不认为希腊人的教诲全是错的。但是，为什么16世纪的人还得受早在基督出生前一个世纪写下的条文和教理的束缚呢？这究竟是为什么？

"因为历来如此。"拥护正统信仰者这样回答他。

"我们与祖先有什么关系，他们与我们又有什么关系？"年轻的反传统观念者如是说。

不久，警察便来找他，建议他最好卷起铺盖到别处碰运气去。

布鲁诺以后的生活是无休止的流动。他想找个有某种程度自由和安全的地方生活和工作，但未能如愿以偿。他从日内瓦来到里昂，又转移到图卢兹。"那时他已经开始研究天文学，成为哥白尼的热情支持者。这是极其危险的一步，因为在当时，人们都在狂叫："地球围绕太阳转动？地球是围绕太阳转动的一颗普通小行星？呸！谁曾听说过这派胡言乱语？"

他感到在图卢兹无所适从，于是便穿越法国，步行至巴黎。接着又作为法国大使的私人秘书来到英国。但等待他的是再次失望。英国的神学家并不比欧洲大陆的开明，只是更讲究实际一点儿。譬如，在牛津大学，他们并不惩罚犯有违反亚里士多德教诲的错误的学生，而是处以10先令罚金。

布鲁诺变得爱好讽刺挖苦了。他开始写一些才气横溢，但颇担风险的短文，一些宗教、哲学和政治性的对话。在对话中，整个现存的秩序被描绘得颠三倒四，面目全非，并受到细致缜密、绝无半点儿阿谀奉承的审查。

他还讲授他喜爱的科目：天文学。

但是，学院当局对受学生欢迎的教授是很少笑脸相迎的。布鲁诺再次被辞退。

他再次返回法国,来到马尔堡。不久前,路德和兹温格尔曾在那里就发生在虔诚的匈牙利伊丽莎白城堡里的化体的实质进行过争论。

遗憾的是,他的"自由派"名声已捷足先行,因此,他连授课都未获准许。维藤贝格似乎宽容一些,可是,这座路德教派的堡垒刚被加尔文博士的信徒把持,从此,具有布鲁诺自由倾向的人再无立足之地了。

他向南行,企图去约翰·赫斯的地盘碰碰运气。新的失望在等待着他。布拉格成了哈普斯堡的首都,哈普斯堡从前门进入布拉格,自由便从后门离去。再回到大路上去吧,奔向遥远的苏黎世。

他在苏黎世收到一个意大利年轻人乔瓦尼·莫塞尼哥的来信,邀请他去威尼斯。我不知道是什么东西驱使布鲁诺接受了邀请,或许这位意大利农民对这个古老的名门望族显赫的名字留有深刻印象,因而为收到邀请而感到受宠若惊。

乔瓦尼·莫塞尼哥可不是这块材料,敢于像他的前辈那样蔑视苏丹和教皇。他意志薄弱,胆小如鼠。当宗教法庭的官员到他家要把客人押往罗马时,他连大气都不敢出一声。

威尼斯政府历来是小心翼翼地注意保护自己的权利。倘若布鲁诺是个日耳曼商人或荷兰船长,他们或许会提出强烈抗议。一个大国胆敢在他们的管辖范围内抓人,他们甚至会不惜挑起战争。可是,为了一个除思想意识外不能给威尼斯带来任何好处的流浪汉,他们又何必去得罪教皇呢?

他自称是学者,共和国确实感到不胜荣幸。不过,国内自己的学者已经够多的了。同布鲁诺告别吧!愿圣马可宽恕他的灵魂!

布鲁诺被关押在宗教法庭的监狱内达7年之久。

1600年2月17日,他被绑在柱子上活活烧死,骨灰随风飘扬。

他的行刑地是在"花卉广场"。懂意大利语的人来到广场,或许能从这短小精美的比喻中得到启迪。

心灵体验

世间的英雄太多了,布鲁诺就是其中的一个。他并非死在真刀真枪的疆场,而是死在基督徒的火中。他死时,骨火随风飘扬,人们出于好奇,谈论着又一个人昨天被烧死了。我不知道该说什么。这是布鲁诺的悲哀,更是那个时代的悲哀。

几百年过去了,布鲁诺的名字和他的精神一样流传下来。我想这位为科学、为社会献身的英雄,九泉之下该放声大笑了吧?

放飞思维

1. 本文的标题是"布鲁诺",但作者为什么要从世界大战写起?这是一种什么样的手法?
2. 从布鲁诺身上,你看到了什么?从他身后,你又看到了什么?

四

在历史长河的另一岸,他们或坐或立,或歌或舞。他们的笑声年轻而清澈,像激越嘹亮的琵琶音,穿越时空,在晴空下划过……

划过天宇的流星

"我不会送给你们什么东西,"他对戴维说,"因为我无求于你们美国。在延安时,斯大林给我们送吃的穿的和用的,可我只给他送过一次东西,是一包红辣椒。他送的枪炮和物资,都是工人农民生产的。我送的红辣椒,却是我亲手种的。我们打了个平手。"

——《伟人垂暮》

我的早年生活

◆[英]温斯顿·丘吉尔

> "每个人都是昆虫,但我确信,我是一个萤火虫。"

"每个人都是昆虫,但我确信,我是一个萤火虫。"

刚满12岁,我就步入了"考试"这块冷漠的领地。主考官们最心爱的科目,几乎毫无例外地都是我最不喜欢的。我喜爱历史、诗歌和写作,而主考官们却偏爱拉丁文和数学,而且他们的意愿总是占上风。不仅如此,我乐意别人问我所知道的东西,可他们却总是问我不知道的。我本来愿意显露一下自己的学识,而他们则千方百计地揭露我的无知。这样一来,只能出现一种结果:场场考试,场场失败。

我进入哈罗公学的入学考试是极其严格的。校长威尔登博士对我的拉丁文作文宽宏大量,证明他独具慧眼,能判断我全面的能力。这非常难得,因为拉丁文试卷上的问题我一个也答不上来。我在试卷上首先写上自己的名字,再写上试题的编号"1",经过再三考虑,又在"1"的外面加上一个括号,因而成了(1)。但这以后,我就什么也不会了。我干瞪眼没办法,在这种惨境中整整熬了两个小时,最后仁慈的监考老师总算收去了我的考卷。正是从这些表明我的学识水平的蛛丝马迹中,威尔登博士断定我有资格进哈罗公学上学。这说明,他能透过现象看到事情的本质。他是一个不以卷面分数取人的人,直到现在我还非常尊敬他。

结果,我当即被编到低年级最差的一个班里。实际上,我的名次居全校倒数第三。而最令人遗憾的是,最后两位同学没上几天学,就由于疾病或其他原因而相继退学了。

在这种尴尬的处境中,我继续待了近一年。正是由于长期在差班里待着,我获得了比那些聪明的学生更多的优势。他们全都继续学习拉丁语、希腊语以及诸如此类的辉煌的学科,我则被看作是个只会学英语的笨学生。我只管把一般英语句子的基本结构牢记在心——这是光荣的事情。几年以后,当我的那些因创作优美的拉丁文诗歌和辛辣的希腊讽刺诗而获奖成名的同学,不得不靠普通的英语来谋生或者开拓事业的时候,我一点儿也不觉得自己比他们差。自然我倾向让孩子们学习英语。我会首先让他们都学英语,然后再让聪明些的孩子们学习拉丁语作为一种荣耀,学习希腊语作为一种享受。但只有一件事我会强迫他们去做,那就是不能不懂英语。

我一方面在最低年级停滞不前，而另一方面却能一字不漏地背诵麦考利的1200行史诗，并获得了全校的优胜奖。这着实让人觉得自相矛盾。我在几乎是全校最后一名的同时，却又成功地通过了军队的征兵考试。就我在学校的名次来看，这次考试的结果出人意料，因为许多名次在我前面的人都失败了。我也是碰巧遇到了好运——在考试中，将要凭记忆绘一张某个国家的地图。在考试的前一天晚上，我将地球仪上所有国家的名字都写在纸条上放进帽子里，然后从中抽出了写有"新西兰"国名的纸条。接着我就大用其功，将这个国家的地理状况记得滚瓜烂熟。不料，第二天考试中的第一道题就是："绘出新西兰地图。"

我开始了军旅生涯。这个选择完全是由于我收集玩具锡兵的结果。我有近1500个锡兵，组织得像一个步兵师，还下辖一个骑兵旅。我弟弟杰克统领的则是"敌军"。但是我们制定了条约，不许他发展炮兵。这非常重要！

一天，父亲亲自对"部队"进行了正式的视察。所有的"部队"都整装待发。父亲敏锐的目光具有强大的威慑力。他花了20分钟的时间来研究"部队"的阵容。最后他问我想不想当个军人。我想统领一支部队一定很光彩，所以我马上回答："想。"现在，我的话被当真了。多年来，我一直以为父亲发现了我具有天才军事家的素质。但是，后来我才知道，他当时只是断定我不具备当律师的聪慧。他自己也只是最近才升到下议院议长和财政大臣的职位，而且一直处在政治的前沿。不管怎样，小锡兵改变了我的生活志向，从那时起，我的希望就是考入桑赫斯特皇家军事学院。再后来，就是学军事专业的各项技能。至于别的事情，那只有靠自己去探索、实践和学习了。

心灵体验

做人，最重要的是正确地认识自己，为自己恰当地定位。"每个人都是昆虫，但我确信，我是一个萤火虫。"正是因为丘吉尔正确地认识了自己，并不断挖掘自身的潜力，在知识与能力之间寻找着最佳平衡点，才使其在日后的学习、工作中取得了成功。

放飞思维

1. 丘吉尔在哈罗公学的收获是什么？
2. 丘吉尔成功地通过了军队的征兵考试，仅仅是因为他"碰巧遇到了好运"吗？
3. 你的学习成绩怎样？写出你值得"炫耀"的地方，像丘吉尔相信他是只萤火虫一样。

伟 人 垂 暮
——1976年1月的毛泽东

◆佚 名

> 戴维和朱莉在结束与毛泽东的会见之后,朱莉问:"你对他有什么印象?"戴维足有5分钟没有开口。来到长安街了,戴维说:"10里之外,就可以呼吸到他的个性。"

艾森豪威尔的儿子戴维和尼克松总统的女儿朱莉是夫妻。1976年1月1日他们访华。出乎他们的意料,毛泽东要见他们。说实在的,不少外国元首来中国访问,都难得见上毛泽东,虽是卸任总统的儿女,却是一般美国人,能得到如此荣耀,确实喜出望外。

戴维和朱莉在结束与毛泽东的会见之后,乘着红旗牌轿车沿着南海奔驰。戴维默默地坐着。朱莉问:"你对他有什么印象?"戴维足有5分钟没有开口。来到长安街了,戴维说:"10里之外,就可以呼吸到他的个性。"

一

当戴维第一眼看见毛泽东的时候,竟微微涌上来一股心酸的感觉。他的客厅里很暗,有人影,但几乎完全锁在黑暗之中。随着戴维的走近,一些灯相继打开,毛泽东便毫无遮拦地出现在客人面前。他显得很苍老,比他的年龄苍老得多,比人们的想像更加苍老。他的头向后仰着靠在沙发上,头发有些乱。嘴张着,还在动,仿佛在艰难地吞食着空气。

戴维和朱莉快走到他身边了,一个女护士用手去梳平他的头发。他开口了:"你在看什么?"显然是戴维的凝视引起了他的注意。"我在看您的脸。"戴维说,"您的上半部很……很出色。"

听完译员的翻译,他说:"我生着一副大中华脸孔。"

美国人谈到他时,很爱使用一个字眼:巨人。尽管他们不那么尊重他,但绝对把他看成一位巨人。砸碎一个世界的人就可以称为巨人。他砸碎了,而且相当彻底。可现在,巨人垂垂老矣,连头发都要别人替他抚平。

他们握手。戴维的心一动,他的手不老,很光滑,很温暖,很柔软,甚至有点儿过分柔软了。

这就是那只曾经握住中国历史的手吗?

戴维凝视着他,他依旧坐在沙发里,因而这种凝视就变得居高临下了。极少有人能从这个角度看他。其实,从这个角度看他,能发现作为一个人的全部聪明才智,戴维此时正有这种感觉。

他对戴维说:"中国人的脸孔,演戏最好,世界第一。中国人什么戏都演得,美国戏、苏联戏、法国戏。因为我们鼻子扁。外国人就不成了,他们演不了中国戏,他们鼻子太高了。演中国戏又不能把鼻子锯了去。"

戴维终于控制不住自己,脸放晴了。照相机快门声炒豆般地响成一团。霎时间,客厅里一片白。

二

他们在他身边坐下,朱莉拿出一封信递给他:"我爸爸给您的。"

"总统先生的腿怎么样了?"毛泽东问。

"好多了。"

"好好保养他的腿。他说过还要爬长城呢。把这话转告总统先生。"

戴维插话:"他已经不是总统了。"

"我乐意这么叫他。"他说,戴维无语。

"不就是两卷录音带吗?"他接着说,"有什么了不起?当你手中刚好有一台录音机的时候,录下一次谈话有什么错?谁让你们美国有那样多录音机!"

戴维说:"这个问题很复杂,关系到西方政治。"

"西方政治?那是假的。"

戴维耸耸肩,明知说也没用,干脆退却。

他不退却,转而对朱莉说:

"我马上写封信给你爸爸,说我想念他。"

"我这句话,可以登报。"他补充道。

戴维的眉毛不易察觉地抖了一下。这句话不是说给一个人听的了,而是说给两亿人听的。那不是普通的两亿人,那是两亿座大山。

"现在,在美国,"戴维沉吟道,"反对我岳父的人很多。还有人强烈要求审判他。"

"好,"毛泽东说,"我马上邀请他到中国来访问。"他略加重语气,"马上。"

戴维脸拉长了。他觉得自己被这句话伤了——作为美国人而不是作为前总统的女婿。

毛泽东又转向朱莉：

"信里再加一笔，说我等待你父亲再次来中国。"

戴维把嘴唇紧咬着，为的是不让一句热腾腾的话迸出来："如果白宫邀请已经下台的刘少奇主席到美国进行友好访问，你们会作何感想？"他把这句话杀死在肚子里。

三

"刚才在来的路上，我们看见很多人在听广播，"戴维说，"在听您新发表的两首诗。""那是我1965年写的。"

"大多数美国人都认为您首先是政治家，然后才是诗人。可安娜·路易斯·斯特朗说，您首先是诗人。在延安时，您同她谈过诗。有一句话给她印象太深了。那句话，您是指着自己鼻子说的，您记得您说的什么？"

几乎是40年前，他站在陕北黄色的高原上对斯特朗说："谁说我们这儿没有创造性的诗人？"他指着自己，声音提高了一倍："这儿就有一个！"

此刻，他脸上浮出沉思的神情，喃喃道：

"这儿就有一个。"

"您的诗有很多读者，"戴维说，"但相比之下，您的著作读者更多，因为您的著作印了几十亿册。"戴维想说："比《圣经》印得还多。"但斟酌一下，改了口："是地球上印得最多的书。"

"我的那些书没什么好读的。"他说，"我在里头写的没什么教育意义。"

"您的著作推动了一个民族，并改变了世界。""改变了世界？"他笑了，"不可能。我没有那个能力。你瞧，"他朝沙发右侧努努嘴，那儿摆着一个地球仪，"地球那么大，大得像个西瓜，怎么改变得了？"可他脸上分明带着一种切西瓜的痛快神情，"我只不过改变了北京附近很少的一些地方。"

戴维笑了："说得好。"

他突然问戴维："你们吃中国菜习惯吗？"

"不习惯。基辛格说，美国人一吃中国菜，肠胃功能就不正常。"

"我的肠胃功能也常常不正常，尤其是在北京。"毛泽东顿了顿，"只有在战争中，我的肠胃功能最正常。"

"可惜中国不会再有战争了。"

毛泽东提高声音问:"为什么?"

"因为中国人爱好和平。"戴维为自己得体的回答感到高兴。

"谁说中国人爱好和平?"毛泽东的语调突然变得咄咄逼人。

"那是瞎说。事实上,中国人很好斗。"他显然觉得意犹未尽,补充道,"我也是其中的一个!"

"在没有战争的情况下,和谁斗呢?"

"不打仗,也有敌人,各式各样的敌人。"

"按我的理解,您说的敌人是指右派,是这样吗?"

他向戴维送来一瞥,笑笑,笑得很神秘。

"不,错了,恰恰相反,我喜欢右派。你岳父算右派吧?在上次美国大选期间,我投了你岳父的票。戴高乐是右派,希思首相也是右派,我喜欢他们。将来我还要投他们的票。"

四

一个女护士走进来,把一个托盘放在他身旁的茶几上,盘里有一杯黑水和几粒药片。戴维知道那黑水定是名声很响的中药。女护士把药片放在他嘴里,然后端起黑水送到他唇边。他呷了一口,皱眉,显然极苦。女护士毫无表情地保持着原有的动作。他呷第二口,微微一动,中药溢出来一些,他胸前顿时湿了一片。

他对护士说:"你去吧。我自己喝。"

"一定要喝。"

他点头,几乎是顺从的。

护士走了,他抓住杯子,手抖得很厉害,仿佛抓着一块冰。

他握住杯子,不动作。隔了许久,他把杯子举起来了。晃动,剧烈地晃动,好像要坠落下来,最后稳住,再晃动,再稳住。那只手在挣扎,客厅里一片宁静,让人心里发慌。渐渐地,他脸白了,戴维的脸也白了,他举的是一杯药吗?绝不是,那是一大杯信念和力量。他把药喝光了。戴维觉得,这是一种完成或完善。

他深深地望着空杯子,目光是伤感的。

"我老了,我的负担太重了。"

"您的心仍然年轻。"戴维说。

他仿佛没听见戴维说的话,许久,才喃喃道:

"一个人如果负担太重的话,死是最好的解脱办法。"

五

空气太紧张了。戴维连忙挑轻松的话说:
"我岳父让我转告一句话:他希望能在美国见到您。"
"美国?"他轻轻地说,把脸转向沙发右侧。地球仪显得沉着而含蓄。面对他的是世界最大的孤岛澳大利亚。"我不想去澳大利亚,我想去美国。"他说,"澳大利亚在地图上看看就怪让人寂寞的。"
"40年前,您对埃德加·斯诺说过,"戴维说,"您渴望去美国旅行,特别渴望去加利福尼亚。"
"加利福尼亚让人感到亲切,"他说,"因为离中国最近。"
"为什么您不找个机会去看看呢?"
"到美国去要坐飞机,他们不让我坐飞机。"
"如果我没有记错,"戴维说,"您一生中只出过两次国,而且都是去苏联。"
他点头。
戴维说:"美国比苏联好玩多了,您真应该去。"
他缓缓开口:"不会再有这个机会了。"
会谈快结束了,他的一只眼睛几乎是闭着的。
戴维最后一句话是脉脉含情的:
"祝您健康长寿。"
他的眼睛突然睁开了,一脸警惕的神色:
"这是什么意思?"
但他很快又闭上了眼。他面前这两张白色的面孔毫不做作。
他坚持要亲自送戴维夫妇到门口,他被搀扶着,一脚深一脚浅地向前走动。
"我不会送给你们什么东西,"他对戴维说,"因为我无求于你们美国。在延安时,斯大林给我们送吃的穿的和用的,可我只给他送过一次东西,是一包红辣椒。他送的枪炮和物资,都是工人农民生产的。我送的红辣椒,却是我亲手种的。我们打了个平手。"

心灵体验

回忆毛泽东生平事迹的文章很多,这篇文章选择了1976年1月,也就是主席逝世的那一年。"伟人垂暮",恐怕没有哪个标题能比这一个更确切了。作者为我们回顾了主席接见戴维和朱莉的情景,详细、具体。"我无求于你们美国。"这是主席临别时对戴维

夫妇说的话。无求于人是中国的传统美德,毛主席在此基础上总结的"自力更生,艰苦奋斗"的原则,将会成为我们永远的指路明灯。任何时候,我们都应该像毛主席所期望的那样,活出自信,活出尊严,活出骄傲!

放飞思维

1. 从文章中的哪些细节你能看出毛泽东的伟人特性?
2. 在外国元首来华访问时都难见到主席,戴维夫妇怎会有如此荣耀?戴维说的"10里之外,就可以呼吸到他的个性"有什么含义?
3. 结合中国历史,请说说你对"没有共产党,就没有新中国"这句话的理解。

"愚者"章太炎

◆ 张 涝

章太炎到了晚年,仍沉浸于书堆里,不改书痴本色。每每夜半醒来,忽忆及某书某事,即起床大翻其书,通宵达旦,乐而不倦,虽在寒冬,也不知加衣服。

自认神经有病

章太炎,有人送绰号章疯子,言其天不怕地不怕。早年旅居东京时,日本警察厅调查户口,发表格要他填写,他填,出身:私生子;职业:圣人;年龄:万寿无疆。在东京,留日学生万人集会欢迎他,他致词述平生经历与做人风格,竟公开承认自己患有神经病,语出惊人。他说:"大概为人在世,倘被人说作疯癫,断然自己不肯承认;除却那笑傲山水的诗家画伯一流人物,又作别论,其余总是一样。独有兄弟却承认我是疯癫,我是神经病,而且听到这样说法,反而格外高兴。为什么呢?大凡非常可怪的议论,不是神经病人不能百折不回,孤行己意,所以古来有大学问成大事业的人,必得有神经病才能做到。"他接着说:"兄弟承认自己有神经病,也愿同志都有一两分。但任何人不怕有神经病,只怕富贵利禄当前的时候,那神经病就好了,这才是要不得哩。这总是脚跟不稳,自会造成什么气候。兄弟平生,尽管为此吃尽苦头,却没有一丝一毫的懊悔,凭你什么猛药,这神经病也总治不好。"

一生"糊涂"

晚年的章太炎,经常在夕阳影里,乘了一辆自备黄包车,招摇过市。他患近视,对路人全都视若无睹。车夫的年纪和他差不多,二老一坐一拉,相映成趣。下车后,车夫扶着章太炎上石阶,彼此摇摇晃晃,你扶着我,我扶着你。章太炎不会认路,有一次在上海,他外出买烟,离家仅五六十步,便走错了路,而且忘了门牌,只能沿途问人。其询问方式也很特殊:"我的家在哪里?"被问者莫不认为其疯了。又有一次,章太炎由南京返沪,其家人误记火车班次,他独自出站后,雇了一辆马车,车夫问他去哪儿,他回答:"我的家里。"结果只能在市内兜圈子,他家中派了十余人,到处追踪,终于在大世界碰到了,此时已兜圈子大半天了。因此平日章太炎出门,非有人跟随不可,以免丢失。章太炎早年就有糊涂的毛病,不认得自己家在何处。有一次他在朋友家剪烛长谈,到天亮困极思睡,误入邻家,倒床即眠。等到邻家主妇返室,见了大哗,他却张眼茫然,说:"我正酣眠,你们何必推醒我呢?"

章太炎吃饭也占一"绝"。每次吃饭,他只吃面前的一碟菜,碰到鱼便一口吞下,连骨头也不吐。平日手不停烟,但抽烟技术很差,弄得烟尾濡湿,未吸及三分之二,便只好丢在痰盂里。

有人叙述章太炎不知金钱为何物,更不明钞票的用途。买烟一包,即予5元;欲做大衣,也给5元;建屋订金,照样付给5元。对世俗琐事的"不通"竟至如此。

章太炎到了晚年,仍沉浸于书堆里,不改书痴本色。每每夜半醒来,忽忆及某书某事,即起床大翻其书,通宵达旦,乐而不倦,虽在寒冬,也不知加衣服。天明后仆役进屋洒扫,见到他裸着身体,持卷呆立,形如木鸡,惊叫:"老爷!要伤风了,还不快穿衣服!"

心灵体验

读罢此文,掩卷而思,一个"愚气"十足的章太炎便活生生立在面前,惟其如此,这才是真正的章太炎!

真正的章太炎一生研究学问,真正的章太炎执著地追求自己的人生!文章撷取生活中的琐事来写章太炎,既真实可信又妙趣横生。

心灵体验

1. 从哪些方面可以看出章太炎的"疯"？
2. 在日常生活中，从哪些方面可看出章太炎的"愚"？
3. 最后一段写章太炎读书如痴，有何作用？

历史上最伟大的人物之一

◆[奥地利]梅特涅

> 可以说，好像透过多棱镜一样，他同时代的绝大多数人或者看到他的光辉灿烂的各个方面，或者只看到他的瑕疵甚至罪恶的各个方面。

在拿破仑的极盛时期，我就一直看到他，研究他；在他走下坡路的时候，我一直看到他，注意他。尽管他可能曾经企图诱使我对他得出错误的结论——我常喜欢这样做——但是，他从来没有办法过。因而我不妨自诩已经把握了他性格上的主要特点，并且已经对他的性格有了不偏不倚的评价。而对于这样一位由环境的力量和伟大的个人品质而上升到现代史上无与伦比的权势顶点的人物，可以说，好像透过多棱镜一样，他同时代的绝大多数人或者看到他的光辉灿烂的各个方面，或者只看到他的瑕疵甚至罪恶的各个方面。

我从一开始就力求使我同拿破仑的关系成为经常的和亲密无间的。在这关系中最初给我印象最深的是，他头脑及其思路的非凡的明晰和高尚的纯朴。同他谈话，我总感到有一种难以形容的魅力。他谈起话来永远是饶有趣味的，他抓住话题的要点，撇开无关紧要的枝节，展示自己的想法，一直不停顿地加以发挥，直到把它阐述得完全清楚明确为止。讲到一事一物，总是用确切的字眼，或者在遇到语言习惯用法中还没有这样一个现成字眼时，他就创制出一个来。他不是同人交谈，而是由他来讲论。由于他思想丰富，又有口才，因而能领头谈话。他的习惯说法之一是："我知道您想谈什么，您是想谈如此这般的一点，好吧，让我们开门见山就谈这个吧。"

然而他对于别人对他讲的话和反对意见，也并非充耳不闻；他对这些话或意见表示接受、怀疑或反对，而并不改变讨论公事的语气来超越讨论公事的范围。我把自信是真实的话对他讲时，从来没有感到过有什么为难之处，即使这些话不大像是合他心意的……

他没有多少科学知识,虽然他的支持者要人们相信他是一个造诣很深的数学家。他在数学方面的知识绝不可能把他提高到超过任何一个炮兵军官(他本人就曾当过炮兵军官)的水平之上。然而他的天赋弥补了知识的不足。正像他成为一位伟大的军人一样,他凭着本能成了一位立法家和行政官。他的性格总是使他倾向于实证;他不喜欢模糊的概念,对于幻想家的梦境和理想主义者的抽象观念,他也同样憎恨,而且把一切不是明白而实际地讲给他听的东西,都当做不过是胡说八道而已。他所尊重的,只是那些能由感觉加以控制和证实的,或立足于观察和经验之上的科学。他最瞧不起18世纪的虚伪哲学和虚妄的博爱主义。在这些学说的主要说教者中,他特别讨厌伏尔泰,甚至讨厌到了如此地步,以致一有机会,他就要对伏尔泰有文学才华的这种普遍看法进行攻击。

拿破仑不是通常所指的那种没有宗教信仰的人……作为一个基督教徒和天主教徒,他承认只有宗教有权支配人类社会。他把基督教看成是一切真正文明的基础,认为天主教是最有利于维持秩序和使精神世界真正安宁的信仰形式,而新教则是扰攘不安的根源。他自己对宗教活动不感兴趣,但对它们极为尊重,不准对奉行者有丝毫揶揄……

他天生具有一种能识别哪些人对他有用的特殊智能。他很快就从这些人身上找出最能使他们依附于他的利益的那一面……尤其是他研究过法兰西民族的性格,他一生的历史证明他对此有正确的理解。他私下把巴黎人看成小孩子,常把巴黎比作歌剧院。有一天,我指责他公告中的主要部分显而易见是谎言,他微笑着对我说:"这些公告不是写给您看的;巴黎人对一切都相信,我还能告诉他们许许多多东西,他们都不会拒绝接受。"

经常发生这样的情况:他把谈话转到对历史的讨论方面去。这种讨论一般地显示出他的史实知识的不足,但领会起因和预见后果却精明。他猜测的比知道的多,并且,当他把自己的思想色彩加到人物和事件上面去的时候,他讲得很巧妙。他总是引据同样的几句话,所以他一定是取自很少的几本书,大抵是些古代史和法国史上最为人们所熟知的节本。然而,他记住了一大堆名字和史实,其丰富的程度足以欺骗那些研究得还不如他全面的人。他崇拜的英雄是亚历山大和恺撒,尤其是查理大帝。他异常地一心一意地认为自己从权力上和称号来说,都是查理大帝的后继者。

他在用极为牵强的理由力图证明这种奇谈怪论时,会忘乎所以地同我谈个不休……

他常常最感遗憾的一件事是,他无法援引正统的原则来作为他的权力的基础。很少人像他这样深刻地意识到:丧失了这种基础的权力是岌岌可危、摇摇欲坠而又是容易遭攻击的。他从不放过一次机会焦急地向那些认为他是篡位而登上宝座的人提出抗议。他有一次对我说:"法兰西的王位本来是空着的。路易十六没有能保卫他自己。要是我处于他的地位,那次大革命——尽管这次大革命在前一阶段的统治下使人们的心灵获得巨大进步——决不会成功。国王被推翻了,在法兰西国土上建立了共和国。我所取代的是共和国。法兰西的旧王位被埋在它的垃圾堆下;我必须建立一个新的王位。波旁王室不能统治这个新建的基业。我的力量在于我的运气:像帝国一样,我是新的;因此,帝国和我完全是一而二、二而一的……"

心灵体验

拿破仑是法兰西第一帝国的创立者、统帅、皇帝。他戎马一生,先后指挥过60次战役,经常奇计迭出,以少胜多,以弱制强,多次战胜英国和封建国家组成的反法联盟。本文作者本着求真务实的态度,描述了拿破仑性格上的主要特点。

放飞思维

1. 作者对拿破仑的了解达到了一个怎样的程度?他是怎样达到这个程度的?作者这样写与中心思想有什么关系?
2. 说说拿破仑的伟大之处。
3. 试以"他说起话来饶有趣味"为段首语写一段话,约100字左右。

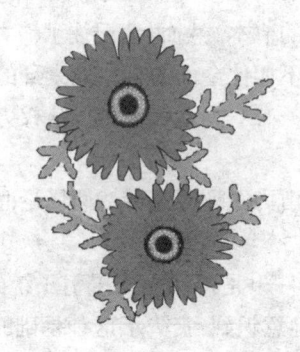

米开朗琪罗传

◆[法]罗曼·罗兰

没有一个人比他更不接近欢乐而更倾向于痛苦的了。他在无垠的宇宙中所见到的所感到的只有它。世界上全部的悲观主义都包含在这绝望的呼声,这极端褊枉的语句中。

"千万的欢乐不值一单独的苦恼!……"

痛苦是无穷的,它具有种种形式。有时,它是由于物质的凌虐,如灾难,疾病,命运的褊枉,人类的恶意。有时,它即蕴藏在人的内心。在这种情境中的痛苦,是同样的可悯,同样的无可挽救;因为人不能自己选择他的人生,人既不要求生,也不要求成为他所成为的样子。

米开朗琪罗的痛苦,即是这后一种。他强有力,他生来便是为战斗为征服的人;而且他居然征服了。——可是,他不要胜利。他所要的并不在此。——真是哈姆雷特式的悲剧呀!赋有英雄的天才而没有实现的意志;赋有专断的热情,而并无奋激的愿望:这是多么悲痛的矛盾!

人们可不要以为我们在许多别的伟大之外,在此更发现一桩伟大!我们永远不会说是因为一个人太伟大了,世界于他才显得不够。精神的烦闷并非伟大的一种标志。即在一般伟大的人物,缺少生灵与万物之间,生命与生命律令之间的和谐并不算是伟大;却是一桩弱点。——为何要隐蔽这弱点呢?最弱的人难道是最不值得人家爱恋吗?——他正是更值得爱恋,因为他对于爱的需求更为迫切。我绝不会造成不可企及的英雄范型。我恨那懦怯的理想主义,它只教人不去注视人生的苦难和心灵的弱点。我们当和太容易被梦想与甘言所欺骗的民众说:英雄的谎言只是懦怯的表现。世界上只有一种英雄主义:便是注视世界的真面目——并且爱世界。

"不相信天才,不知天才为何物的人,请看一看米开朗琪罗罢!从没有人这样地为天才所拘囚的了。这天才的气质似乎和他的气质完全不同;这是一个征服者投入他的怀中而把他制服了。他的意志简直是一无所能;甚至可说他的精神与他的心也是一无所能。这是一种狂乱的爆发,一种骇人的生命,为他太弱的肉体与灵魂所不能胜任的。

"他在继续不断的兴奋中过生活。他的过分的力量使他感到痛苦,这痛苦逼迫他行动,不息地行动,一小时也不得休息。"

他写道:"我为了工作而筋疲力尽,从没有一个人像我这样地工作过,我除了夜以继日的工作之外,什么都不想。"

这种病态的需要活动不特使他的业务天天积聚起来,不特使他接受他所不能实行的工作,而且也使他堕入偏执的癖性中去。他要雕琢整个的山头。当他要建造什么纪念物时,他会费掉几年的光阴到石厂中去挑选石块,建筑搬运石块的大路;他要成为一切:工程师,手工人,断石工人;他要独自干完一切:建造宫殿,教堂,由他一个人来。这是一种判罚苦役的生活。他甚至不愿分出时间去饮食睡眠。在他的信札内,随处看得到同样可怜的语句:

"我几乎没有用餐的时间……我没有时间吃东西……12年以来,我的肉体被疲倦所毁坏了,我缺乏一切必需品……我没有一个铜子,我是裸体了,我感受无数的痛苦……我在悲惨与痛苦中讨生活……我和患难争斗……"

这患难其实是虚幻的。米开朗琪罗是富有的;他拼命使自己富有,十分富有。但富有对于他有何用处?他如一个穷人一样生活,被劳作束缚着好似一匹马被磨轮的轴子系住一般。没有人会懂得他如此自苦的原因。没有人能懂得他为何不能自主地使自己受苦,也没有人能懂得他的自苦对于他实是一种需要。即是脾气和他极相似的父亲也埋怨他:

"你的弟弟告诉我,你生活得十分节省,甚至节省到悲惨的程度:节省是好的;但悲惨是坏的,这是使神和人都为之不悦的恶行;它会妨害你的灵魂与肉体。只要你还年青,这还可以;但当你渐渐衰老的时光,这悲惨的坏生活所能产生的疾病与残废,全都会显现。应当避免悲惨,中庸地生活,当心不要缺乏必需的营养,留意自己不要劳作过度……"

但什么劝告也不起影响。他从不肯把自己的生活安排得更合人性些。他只以极少的面包与酒来支持他的生命。他只睡几小时。当他在蒲洛涅(Bologna)进行于勒二世的铜像时,他和他的三个助手睡在一张床上,因为他只有一张床而又不愿添置。他睡时衣服也不脱,皮靴也不卸。有一次,腿肿起来了,他不得不割破靴子;在脱下靴子的时候,腿皮也随着剥下来了。

这种骇人的卫生,果如他的父亲所预料,使他老是患病。在他的信札中,人们可以看出他生过14次或15次大病。他好几次发热,几乎要死去。他眼睛有病;牙齿有病;头痛,心病。他常为神经病所苦,尤其当他睡眠的时候;睡眠对于他竟是一种苦楚。他很早便老了。42岁时,他已感到衰老。48岁时,他说他工作一天必得要休息四天。他又固执着不肯请任何医生诊治。

他的精神所受到这苦役生活的影响,比他的肉体更甚。悲观主义侵蚀他。这于

他是一种遗传病。青年时,他费尽心机去安慰他的父亲,因为他有时为狂乱的苦痛纠缠着。可是米开朗琪罗的病比他所照顾的人感染更深。这没有休止的活动,累人的疲劳,使他多疑的精神陷入种种迷乱状态。他猜疑他的敌人,他猜疑他的朋友,他猜疑他的家族,他的兄弟,他的嗣子;他猜疑他们不耐烦地等待他的死。

一切使他不安,他的家族也嘲笑这永远的不安。他如自己所说的一般,在"一种悲哀的或竟是癫狂的状态"中过生活。痛苦久了,他竟嗜好有痛苦,他在其中觅得一种悲苦的乐趣:

"愈使我受苦的我愈欢喜。"

对于他,一切都成为痛苦的题目——甚至爱,甚至善。

"我的欢乐是悲哀。"

没有一个人比他更不接近欢乐而更倾向于痛苦的了。他在无垠的宇宙中所见到的所感到的只有它。世界上全部的悲观主义都包含在这绝望的呼声,这极端褊枉的语句中。

"千万的欢乐不值一单独的苦恼!……"

心灵体验

这是一个热衷于艺术的画家、雕塑家。他对生活的不经意和对艺术的完美追求之间的反差,令每个人瞠目结舌。

放飞思维

1. 为什么说米开朗琪罗是可怜的,又是富有的?
2. 米开朗琪罗"不肯把自己的生活安排得更人性些",不"人性"的内容包括哪几个方面?
3. 有人说,艺术家们之所以能成名成家,就是因为他们有不把痛苦当一回事的精神,甚至以苦为乐。你从米开朗琪罗的经历中得到了怎样的启示?

穿·行·在·历·史·丛·林·中

居里夫人传
◆ [法]艾芙·居里

> 她永远记得看荧光的这一晚，永远记得这种神仙世界的奇观。

青年夫妇

比埃尔和玛丽的共同生活，在开始时的一些日子是富于画意的……他们乘着那著名的自行车，在法兰西岛区的路上漫游；用提包上的皮带紧紧地捆了几件衣服和因为那一夏多雨而不得不买的两件树胶长旅行衣。他们坐在树林中空地的苔藓上，吃一点儿面包、干酪、梨、樱桃，当做午餐。每晚随便到一个不认识的客店里去住，在那里他们有很浓的热汤，有一间屋子，墙上糊的纸都褪了色，蜡烛照出来的影子在墙上跳舞；他们独处于田野的静夜中，这种寂静并不是真的，时常有远处的犬吠、鸟的低鸣、猫的狂叫和地板的引人注意的叽嘎声冲破这种沉寂。

若是他们想探查丛林或岩石，他们就暂时中止自行车旅行，而去散一次步。比埃尔极爱乡村，毫无疑问，他的天才是需要这种安静的长途散步的；散步的平均节奏鼓励他作学者的默想。只要他一到外面，到了一个花园里，他就不能不动，他不知道如何"休息"；他也不喜欢那种预先定好旅程的规矩旅行，而且他也没有时间观念，为什么应该在白天走路？为什么不应该在夜间走？为什么吃饭的钟点一定不能变动？从童年时期起，比埃尔就有突然离开的习惯，有时候在清晨出去，有时候在黄昏出去，不知道他3天才回来，还是1小时就回来。在他那极好的记忆中，还存在着他早年和他的哥哥一起作长途旅行的情形：

"啊！我在那里过了多么好的时光，在仁慈的孤寂之中，远离巴黎城内使我痛苦的成千的讨厌小事情……不，我不后悔在树林里过了几夜，不后悔独自过了几天。若是我有工夫，我愿意叙述我在那里有过的一些幻梦，我也愿意描写那极美的山谷，完全被芳香的植物熏透了；愿意描写那美丽的密林，极清鲜，极湿润，必埃夫河正穿过它；愿意描写那用酒花作柱廊的魔宫，愿意描写那些多石的小山，上面生满了野蔷薇，把山都映红了。我们在那里极为快乐。是的，我将永远感激地记着米尼埃尔的树林！在所有我看到的地方中，我最爱那里，而且我在那里最快乐。我常常在晚间出来，由山谷走上去，回来的时候，脑子里就装了一二十种意见……"

1895年夏天的几次漫游是"婚后漫游"，比他以前的旅行更为甜蜜，爱增加了这些漫游的美丽，并且加强了它们的乐趣。这一对夫妇只用几法郎付村里的房钱，把自行车踏动几千下，就可以有几天几夜过神仙生活，就可以享受只有两个人在一起的宁静之乐。

　　有一天，比埃尔和玛丽把自行车寄放在一个农夫家里，离开大路，随便走上一条小径，只带着一个小指南针和一点儿果子。比埃尔大步前行，玛丽不觉疲倦地在后面追随。她不顾仪表，把裙子去短了一点儿，以便走路；头上没有戴什么，穿一件白色上衣，很清新，也很好看，脚上穿一双粗鞋，腰间束了一条很合用可是不大雅致的皮带，带子上的口袋里藏了一把刀、一点儿钱和一个表……

　　比埃尔并不回头看他的妻子，他高声继续说着他的思想，并且细谈结晶学上的一种困难工作；他知道玛丽在听着他，而且会给他聪明有用的新颖答复。她也有大计划，她要预备大学毕业生在中等教育界任职的考试；而她差不多准知道，理化学校的校长舒曾伯格一定会允许她在比埃尔的实验室里研究，永远一起生活！永不分离！

　　过丛林的时候，这一对夫妇走到一个周围都是芦苇的水池。比埃尔找到在这个沉睡着的水池里的动植物，像小孩子一样地高兴，他的关于空中和水中动物、壁虎、蜻蜓、呢料的知识，很是惊人。这时青年妇人躺在岸上休息，他则灵巧地在一个偃卧的树身上向前走，不怕掉下去洗一个不愿意的冷水浴，伸手去采那些黄色的鸢尾花和浮在水面的浅色睡莲。

　　玛丽躺着不动，看那轻云飘动的天空，差不多睡着了。忽然她觉得手掌上有一个冷而且湿的东西，她喊了起来，是一个跳动着的青蛙，比埃尔刚把它轻轻地放在她的手上，他并不是想恶作剧，他以为人和蛙自然是熟识的。

　　她抗议着说："比埃尔……真的，比埃尔！"带着恐怖的动作。

　　这个物理学家觉得骇异。

　　"你不喜欢蛙么？"

　　"喜欢，但是不愿意把它们放在我手里……"

　　他毫不在意地说："你大错了，看蛙很有意思……轻轻伸开你的手指……你看它多么好看啊！"

　　他拿回这个动物，玛丽心里一松，微笑了。他把那个蛙放在水池边上，它得到了自由。然后他觉得停留厌了，又走上小径，他的妻子跳起来随着他走，拿着那些野生的装饰品——睡莲和鸢尾花。

　　他的脑子里又想起了工作，比埃尔忽然忘记树林和天空、蛙和水池。他想着研究上的大小困难，想着那使他劳心费神的结晶体成长的奥妙。他形容他为了一种新的试验要做的仪器,于是又听到玛丽的忠实的话声、她的明晰的问题、她的考虑过的答复。

在这些快乐的日子中,结成了一种男子和女子间的最美丽的联系。两颗心共同跳动,两个躯体结合在一起,两个有天才的人习惯了共同思想。玛丽只能嫁这个大物理学家,只能嫁这个聪明而且高尚的人。比埃尔只能娶这个金色头发的、温柔活泼的波兰女子,她能够在一会儿工夫以内,一时幼稚,一时高深;她是同伴,是配偶,是爱人,也是学者。

伟大的发现

玛丽·斯可罗多夫斯卡的学生生活中最愉快的时期,是在一个顶阁里度过的;玛丽·居里现在又要在一个残破的小屋里,尝到新的极大的快乐了。这是一种奇异的再开始,这种艰苦而且微妙的快乐(无疑地在玛丽以前没有一个妇人经验过),两次都是挑选最简陋的布置为背景。

娄蒙路的棚屋,可以说是不舒服的典型。在夏天,因为顶棚是玻璃的,里面燥热得像一间温室。在冬天,简直不知道是应该希望下霜还是应该希望下雨,若是下雨,雨水就以一种令人厌烦的轻柔声音,一滴一滴地落在地上,落在工作桌上,落在这两个物理学家标上记号永远不放仪器的地方;若是下霜,就连人都冻僵了。没有方法补救。那个炉子即使把它烧白了,也是令人完全失望,走到差不多可以碰着它的地方,就可以有一点儿暖气,可是离开一步,立刻就回到冰带去了。

不过,玛丽和比埃尔习惯了外面的残酷温度,也不算不好。他们只有一点儿必不可少的设备,差不多没有专门装置,没有放出有害气体的"烟罩",因此大部分制炼手续必须在院子里做,在充足的空气里做。每逢骤雨猝至,这两个物理学家就匆忙地把仪器搬进棚屋,大开着门窗让空气流通,以便继续工作,而不至于被烟熏闷。

这种极特殊的治疗结核症的方法,玛丽多半没有对佛提埃大夫夸说过!

后来她写过这样一段话:"我们没有钱,没有实验室,而且几乎没有人帮助我们做这件既重要而又困难的工作。这像是要由无中创出有来。假如我过学生生活的几年是卡西密尔·德卢斯基从前说的'我的姨妹一生中的英勇岁月',我可以毫不夸大地说,现在这个时期是我丈夫和我的共同生活中的英勇时期。"

"……然而我们生活中最好的而且最快乐的几年,还是在这个简陋的旧棚屋中度过的,我们把精力完全用在工作上。我常常就在那里安排我们的饭食,以便某种特别重要的工作不至于中断。有时候我整天用和我差不多一般高的铁条,搅动一堆沸腾着的东西。到了晚上,简直是筋疲力尽。"

1898年至1902年,居里先生和夫人就是在这种条件之下工作的。

第一年里,他们共同从事镭和钋的化学分析工作,并且研究他们所得到的有活动力的产物的放射作用。不久,他们认为分工的效率比较高,比埃尔试着确定镭的特性,更求熟悉这种新金属。玛丽继续制炼,提取纯镭盐。

在这种分工办法中,玛丽选的是"男子的职务",她做的是白日工人的工作。她的丈夫在棚屋里专心做细巧的试验。玛丽在院子里穿着布满灰尘、染渍酸液的旧工作服,头发被风吹得飘起来,周围的烟刺激着眼睛和咽喉,她独自一个人就是一个工厂。

她写道:"我一次制炼20千克材料,结果是棚屋里塞满了装着沉淀物和溶液的大瓶子。我搬运蒸馏器,倒出溶液,并且连续几小时搅动冶锅里的沸腾材料,这真是一种极累人的工作。"

但是镭要保持它的神秘性,丝毫不希望人类认识它。玛丽从前很天真地预料铀沥青矿的残渣里含有百分之一的镭,那种时期哪里去了?这种新物质的放射作用极强,极少量的一点儿镭散布在矿苗中,就是一些触目的现象的来源,很容易观察或测量。最困难的,不可能的,乃是分离这极小的含量,使它从与它密切混合着的矿渣分开。

工作日变成了工作月,工作月变成了工作年,比埃尔和玛丽并没有失掉勇气。这种抵抗他们的材料迷住了他们。他们的亲爱和智力上的热情,把他们结合在一起;他们在这个木板屋里过着"反自然"的生活,他们两个人都是一样,是为了过这种生活而降生的。

玛丽后来写道:"感谢这种出乎意料之外的发现,在这个时期里,我们完全被那展开在我们面前的新领域吸引住了。虽然我们的工作条件给我们许多困难,但是我们仍然觉得很快乐。我们的时光就在实验室里度过,那个极可怜的棚屋里有极大的宁静:有时候我们来回走着,一面密切注意着某种试验的进行,一面谈着目前和将来的工作。我们若觉得冷,在炉旁喝一杯热茶,就又舒服了。我们在一种特殊的专心景况中过日子,像是在梦里过日子一样。

"……我们在实验室里只见很少的几个人,偶尔有几个物理学家或化学家来,或是来看我们的试验,或是来请教比埃尔·居里某些问题,他在物理学的各部门的学问是著名的。他们就在黑板前谈话,这种谈话很容易记得,因为它们是科学兴趣和工作热忱的一种提神剂,并不打断思考的进行,也不扰乱平静专注的空气,真正实验室的空气。"

比埃尔和玛丽有时候离开仪器,平静地闲谈一会儿,而他们总是谈论他们爱恋的镭,说的话由极高深的到极幼稚的,无一不有。

玛丽有一天像小孩盼着某人已经答应给的玩物一样，很热心而且很好奇地说："我真想知道'它'会是什么样子，它的相貌如何。比埃尔，在你的想像中，它是什么形状？"

这个物理学家柔和地回答："我不知道……你可以想到，我希望它有很美丽的颜色。"

……

那一天他们工作得很辛苦，照道理这两个学者此刻应该休息，但是比埃尔和玛丽并不常照道理做事。他们穿上外衣，告诉居里大夫说他们要出去，就溜走了……他们挽臂步行，话说得很少。沿着这个奇特地方的热闹街道，走过工厂、空地和不讲究的住房，他们到了娄蒙路。穿过院子，比埃尔把钥匙插入锁孔，那扇门嘎嘎地响着（它已经这样响过几千次了），他们走进他们的领域，走进他们的梦境。

玛丽说："不要点灯！"接着轻轻地笑了笑，再说：

"你记得你对我说'我希望镭有美丽的颜色'的那一天么？"

几个月以来使比埃尔和玛丽入迷的镭的真相，实际上比他们以前天真地希望着的样子还要可爱。镭不仅有"美丽的颜色"，它还自动发光！在这个黑暗的棚屋里没有柜子，这些零星的宝贝装在极小的玻璃容器里，放在钉在墙上的板子或桌子上；它们那些略带蓝色的荧光的轮廓闪耀着，悬在夜的黑暗中。

"看哪……看哪！"这个青年妇人低声说着。

她很谨慎地走向前去找，找到一张草面椅子，坐下了。在黑暗中，在寂静中，两个人的脸都转向那些微光，转向那射线的神秘来源，转向镭，转向他们的镭！玛丽的身体前倾，热烈地望着，她又采取一小时前在她那睡着了的小孩的床头所采取的姿势。

她的同伴用手轻轻地抚摸她的头发。

她永远记得看荧光的这一晚，永远记得这种神仙世界的奇观。

心灵体验

一位美丽的女性，从科学的殿堂向我们走来。当我们走进她的生活、工作和心灵世界的时候，我们惊讶地发现：她的生活是如此简朴，工作环境是如此简陋；而她对科学的追求却如此执著。难怪20世纪人类最伟大的科学家爱因斯坦说她这样的"第一流人物对于时代和历史进程的意义，在其道德品质方面，也许比单纯的才智成就面还要大"！

放飞思维

1. "我的惟一奢望,是在一个自由的国家中,以一个自由的学者的身份从事研究工作。"读了这句话,你有何感想?

2. 从这篇小传中你看到了居里夫人的什么精神?这种精神对你有什么启示?

徐悲鸿小传

◆廖静文

徐悲鸿面对国民党特务,斩钉截铁地回答:
"人在曹,心在汉,我签的名,我负责到底!"

1895年7月19日,徐悲鸿诞生在风景如画的太湖之西的江苏省宜兴县己山亭桥镇。父亲徐达章依靠自学,成为当地知名的画师,在镇上鬻字卖画。徐悲鸿自幼随父学画,并参加农业劳动。1908年随父亲去外地卖画为生,从父亲那里接受了传统的绘画技巧,并开始摸索创造自己的风格。1912年父亲病重,17岁的徐悲鸿便挑起了全家7口人的生活重担。1914年他只身赴上海,历尽饥寒交迫之苦。1917年5月,他用从明智大学拿到的一笔稿酬做旅费到了日本,接触了丰富多彩的日本美术,开始了第一次对世界美术的探索。1917年12月,徐悲鸿来到北京,开始以他那生气勃勃、富有民族风格的绘画在中国艺坛显露头角,被北京大学聘为画法研究会导师。由于北京大学校长蔡元培的帮助,徐悲鸿于1919年赴法国公费留学。他考入国立巴黎高等美术学校,以校长弗拉孟为师,并受教于大画家达仰。在此期间,徐悲鸿先后有《远闻》、《琴课》等油画问世。他的许多作品曾在法国全国美术展览会展出,获得好评。徐悲鸿在欧洲留学8年,于1927年8月自巴黎归国。他开始创作酝酿已久的巨幅油画《田横五百壮士》,歌颂了富贵不淫、威武不屈的精神,而这正是处在国民党反动统治下的人民所需要的品质。他与田汉、欧阳予倩在上海共同创办了"南国艺术学院",任美术系主任,同时执教于南京中央大学。1931年东北大片国土沦丧,徐悲鸿以愤激的感情,用两年的时间,创作了巨幅油画《徯我后》,象征着人民渴望得到解放的心情。同时,他还创作了巨幅国画《九方皋》,抒写在旧中国人才被压抑的积郁。1933年至1934年,徐悲鸿应邀先后去法国、比利时、德国、意大利、前苏联举办近代中国画展和他个人的画展,使中国绘画在欧洲产生了巨大影响。

随着他在国内外的声誉日高，国民党反动派企图拉拢他为蒋介石画像，威胁利诱，都遭到了徐悲鸿的坚决拒绝。同时，他在一些国画的题字里，表现了对国民党反动派的强烈不满。这一切招致了国民党特务的仇视，明枪暗箭，一齐向他袭来，他昂然屹立，并在画室里挂了一副自书的对联"独持偏见，一意孤行"，以表示他坚决的反抗；中央大学出现了大量诽谤和攻击徐悲鸿的标语，他愤然离开南京，到桂林去作画，画了有名的《漓江春雨》和富有时代感的《逆风》。

　　抗日战争爆发后，中央大学迁重庆，徐悲鸿才回校任教，并创作了国画《巴人汲水》与《贫妇》，反映劳动人民的艰辛。1938年，徐悲鸿去南洋举行画展，将全部卖画收入，救济祖国难民。其间，徐悲鸿接受泰戈尔之邀，赴印度国际大学讲学，并在加尔各答举行画展。徐悲鸿深切地怀念着战火中的祖国，在印度创作了巨幅国画《愚公移山》，表达他对抗战必胜的坚强信念。1942年徐悲鸿回到了重庆。这一年，重庆举行木刻展览，徐悲鸿撰文赞扬解放区的木刻家，延安《解放日报》转载了此文。1945年2月，郭沫若同志探望徐悲鸿，带来周恩来同志送给徐悲鸿的延安小米、红枣和对他的问候，使病中的徐悲鸿受到极大的鼓舞。当时徐悲鸿签名于重庆《新华日报》发表的《文艺界对时局进言》，呼吁废除国民党独裁，成立民主联合政府。国民党特务威胁他，必须撤回签名，否则，他的一切都保不住。徐悲鸿面对国民党特务，斩钉截铁地回答："人在曹，心在汉，我签的名，我负责到底！"

　　1946年徐悲鸿离开重庆，到北平就任北平艺专校长。途经上海时，见到周恩来同志。周恩来同志亲切地鼓励他说："我希望你把北平艺专办好，为人民培养一批有能力的美术工作者。"他聘请了许多进步的美术家来北平艺专任教，提倡现实主义，倡导国画的发展和革新。同时，他担任了进步的北平美术工作者协会的名誉会长，支持了进步的学生运动。1948年秋天，他拒绝乘国民党派来的飞机去南京，决定保护学校，迎接解放。这时，田汉同志秘密地从解放区来到北平，带来了毛主席和周总理的嘱咐，希望徐悲鸿在任何情况下都不要离开北平，并尽可能在文化界多为党做些工作。徐悲鸿听到毛主席和周总理在指挥解放战争的戎马倥偬之际还悬念着北平的文化界，悬念着他，使他受到异常强烈的感动。在傅作义将军召开的学者名流座谈会上，他第一个站起来发言，请傅将军把北平交还给人民，为了保护这座光辉灿烂的文化古城，他希望北平获得和平解放。

　　1949年1月31日，北平终于和平解放了。徐悲鸿愉快地接受周总理委派他作为代表，出席世界保卫和平大会。同年，他被任命为中央美术学院院长，被选为全国美术工作者协会主席。繁重的教学工作和社会活动并不曾使他停下画笔——他画毛主席像，画战斗英雄，画劳动模范，他带病去山东导沭整沂工程工地体验生活，积极准备创作反映新中国建设面貌的作品。构图期间，突患脑溢血，半身瘫痪，但他仍扶病为抗美援朝的战士们挥写奔腾的骏马，寄往前线，鼓舞士气。徐悲鸿热情地关怀年轻一代的美术工作者,孜孜不倦地为发展中国美术事业鞠躬尽瘁。

1953年9月23日,徐悲鸿参加了第二届全国文艺工作者代表大会,并担任执行主席。当晚,再发脑溢血,于9月26日逝世。1954年,徐悲鸿的故居被辟为"徐悲鸿纪念馆",周总理亲书"悲鸿故居"匾额,赞扬徐悲鸿具有"横眉冷对千夫指,俯首甘为孺子牛"的精神,是当代的一位艺术大师。

徐悲鸿的作品1200多件,他节衣缩食购藏的唐、宋、元、明、清及近代书画作品1200多件,以及中外美术书籍、图片、碑帖1万余件,根据他生前的愿望,全部献给了国家。

徐悲鸿终年58岁,他的生命太短促了,丰富的才能未能充分发挥。他曾慨叹他的年富力强的日子在旧中国度过了,病中仍满怀希望地说:"如果我还能为新中国工作10年,那该怎样地幸福啊!"他的遗憾将永远悲伤地留在我们心里。

心灵体验

作者在掌握非常丰富的资料的基础上,作了精心的取舍剪裁和详略安排,在突出"艺术为人民"、"创作为祖国"这个主线的同时,注意对艺术大师人物形象的刻画,生动地再现出艺术大师的性格。全文语言朴实简要,富有感情。

放飞思维

1. 周总理赞扬徐悲鸿具有"横眉冷对千夫指,俯首甘为孺子牛"的精神,你能从文中举出几个实例来印证吗?
2. 本文以年谱为线索,全面而简要地介绍了艺术大师徐悲鸿的一生。作者在介绍时是如何突出徐悲鸿的精神、品格的特点的?
3. 徐悲鸿最擅长画什么?你知道他的画的特点吗?

荆轲列传

◆ 司马迁

轲自知事不就,倚柱而笑,箕踞以骂曰:"事所以不成者,以欲生劫之,必得约契以报太子也。"

荆轲者,卫人也。其先乃齐人,徙于卫,卫人谓之庆卿。而之燕,燕人谓之荆卿。

117

荆卿好读书击剑，以术说卫元君，卫元君不用。其后秦伐魏，置东郡，徙卫元君之支属于野王。

荆轲尝游过榆次，与盖聂论剑，盖聂怒而目之。荆轲出，人或言复召荆卿。盖聂曰："曩者吾与论剑有不称者，吾目之；试往，是宜去，不敢留。"使使往之主人，荆卿则已驾而去榆次矣。使者还报，盖聂曰："固去也，吾曩者目摄之！"

荆轲游于邯郸，鲁句践与荆轲博，争道，鲁句践怒而叱之，荆轲嘿而逃去，遂不复会。

荆轲既至燕，爱燕之狗屠及善击筑者高渐离。荆轲嗜酒，日与狗屠及高渐离饮于燕市。酒酣以往，高渐离击筑，荆轲和而歌于市中，相乐也。已而相泣，旁若无人者。荆轲虽游于酒人乎，然其为人沉深好书。其所游诸侯，尽与其贤豪长者相结。其之燕，燕之处士田光先生亦善待之，知其非庸人也。

居顷之，会燕太子丹质秦亡归燕。燕太子丹者，故尝质于赵，而秦王政生于赵，其少时与丹欢。及政立为秦王，而丹质于秦。秦王之遇燕太子丹不善，故丹怨而亡归。归而求为报秦王者，国小，力不能。其后秦日出兵山东以伐齐、楚、三晋，稍蚕食诸侯，且至于燕，燕君臣皆恐祸之至。太子丹患之，问其傅鞠武。武对曰："秦地遍天下，威胁韩、魏、赵氏，北有甘泉、谷口之固，南有泾、渭之沃，擅巴、汉之饶，右陇、蜀之山，左关、殽之险，民众而士厉，兵革有余。意有所出，则长城之南，易水以北，未有所定也。奈何以见陵之怨，欲批其逆鳞哉！"丹曰："然则何由？"对曰："请入图之。"

居有间，秦将樊於期得罪于秦王，亡之燕，太子受而舍之。鞠武谏曰："不可。夫以秦王之暴而积怒于燕，足为寒心，又况闻樊将军之所在乎？是谓'委肉当饿虎之蹊'也，祸必不振矣！虽有管、晏，不能为之谋也，愿太子疾遣樊将军入匈奴以灭口。请西约三晋，南连齐、楚，北购于单于，其后乃可图也。"太子曰："太傅之计，旷日弥久，心惽然，恐不能须臾。且非独于此也，夫樊将军穷困于天下，归身于丹，丹终不以迫于强秦而弃所哀怜之交，置之匈奴，是固丹命卒之时也。愿太傅更虑之。"鞠武曰："夫行危欲求安，造祸而求福，计浅而怨深，连结一人之后交，不顾国家之大害，此所谓'资怨而助祸'矣。夫以鸿毛燎于炉炭之上，必无事矣。且以雕鸷之秦，行怨暴之怒，岂足道哉！燕有田光先生，其为人智深而勇沉，可与谋。"太子曰："愿因太傅而得交于田先生，可乎？"鞠武曰："敬诺。"出见田先生，道："太子愿图国事于先生也。"田光曰："敬奉教。"乃造焉。

太子逢迎，却行为导，跪而蔽席。田光坐定，左右无人，太子避席而请曰："燕、秦不两立，愿先生留意也。"田光曰："臣闻骐骥盛壮之时，一日而驰千里；至其衰老，驽马先之。今太子闻光盛壮之时，不知臣精已消亡矣。虽然，光不敢以图国事，所善荆卿可使也。"太子曰："愿因先生得结交于荆卿，可乎？"田光曰："敬诺。"即起,趋出。太子送至门,戒曰:"丹所报,先生所言者,国之大事也,愿先生勿泄也!"田光俯而笑曰:"诺。"

偻行见荆卿,曰:"光与子相善,燕国莫不知。今太子闻光壮盛之时,不知吾形已不逮也,幸而教之曰'燕、秦不两立,愿先生留意也'。光窃不自外,言足下于太子也,愿足下过太子于宫。"荆轲曰:"谨奉教。"田光曰:"吾闻之,长者为行,不使人疑之。今太子告光曰'所言者,国之大事也,愿先生勿泄',是太子疑光也。夫为行而使人疑之,非节侠也。"欲自杀以激荆卿,曰:"愿足下急过太子,言光已死,明不言也。"因遂自刎而死。

荆轲遂见太子,言田光已死,致光之言。太子再拜而跪,膝行流涕,有顷而后言曰:"丹所以诫田先生毋言者,欲以成大事之谋也。今田先生以死明不言,岂丹之心哉!"荆轲坐定,太子避席顿首曰:"田先生不知丹之不肖,使得至前,敢有所道,此天之所以哀燕而不弃其孤也。今秦有贪利之心,而欲不可足也。非尽天下之地,臣海内之王者,其意不厌。今秦已虏韩王,尽纳其地。又举兵南伐楚,北临赵;王翦将数十万之众距漳、邺,而李信出太原、云中。赵不能支秦,必入臣,入臣则祸至燕。燕小弱,数困于兵,今计举国不足以当秦。诸侯服秦,莫敢合纵。丹之私计,愚以为诚得天下之勇士使于秦,窥以重利;秦王贪,其势必得所愿矣。诚得劫秦王,使悉反诸侯侵地,若曹沫之与齐桓公,则大善矣;则不可,因而刺杀之。彼秦大将擅兵于外而内有乱,则君臣相疑,以其间诸侯得合纵,其破秦必矣。此丹之上愿,而不知所委命,唯荆卿留意焉。"久之,荆轲曰:"此国之大事也,臣驽下,恐不足任使。"太子前顿首,固请毋让,然后许诺。于是尊荆卿为上卿,舍上舍。太子日造门下,供太牢,具异物,间进车骑美女,恣荆轲所欲,以顺适其意。

久之,荆轲未有行意。秦将王翦破赵,虏赵王,尽收入其地,进兵北略地至燕南界。太子丹恐惧,乃请荆轲曰:"秦兵旦暮渡易水,则虽欲长侍足下,岂可得哉!"荆轲曰:"微太子言,臣愿谒之。今行而毋信,则秦未可亲也。夫樊将军,秦王购之金千斤,邑万家。诚得樊将军首与燕督亢之地图,奉献秦王,秦王必说见臣,臣乃得有以报。"太子曰:"樊将军穷困来归丹,丹不忍以己之私而伤长者之意,愿足下更虑之!"

荆轲知太子不忍,乃遂私见樊於期曰:"秦之遇将军可谓深矣,父母宗族皆为戮没。今闻购将军首金千斤,邑万家,将奈何?"於期仰天太息流涕曰:"於期每念之,常痛于骨髓,顾计不知所出耳!"荆轲曰:"今有一言可以解燕国之患,报将军之仇者,何如?"於期乃前曰:"为之奈何?"荆轲曰:"愿得将军之首以献秦王,秦王必喜而见臣,臣左手把其袖,右手揕其匈,然则将军之仇报而燕见陵之愧除矣。将军岂有意乎?"樊於期偏袒扼腕而进曰:"此臣之日夜切齿腐心也。乃今得闻教!"遂自到。太子闻之，驰往，伏尸而哭，极哀。既已不可奈何，乃遂盛樊於期首函封之。

于是太子豫求天下之利匕首，得赵人徐夫人匕首，取之百金，使工以药焠之，以试人，血濡缕，人无不立死者。乃装为遣荆卿。燕国有勇士秦舞阳，年十三，杀人，人不敢忤视。乃令秦舞阳为副。荆轲有所待，欲与俱；其人居远未来，而为治行。顷之，未发，太子迟之，疑其改悔，乃复请曰："日已尽矣，荆卿岂有意哉？丹请得先遣秦舞阳。"荆轲怒，叱太子曰："何太子之遣？往而不返者，竖子也！且提一匕首入不测之强秦，仆所以留者，待吾客与俱。今太子迟之，请辞决矣！"遂发。

太子及宾客知其事者，皆白衣冠以送之。至易水之上，既祖，取道，高渐离击筑，荆轲和而歌，为变徵之声，士皆垂泪涕泣。又前而为歌曰："风萧萧兮易水寒，壮士一去兮不复还！"复为羽声忼慨，士皆瞋目，发尽上指冠。于是荆轲就车而去，终已不顾。

遂至秦，持千金之资币物，厚遗秦王宠臣中庶子蒙嘉。嘉为先言于秦王曰："燕王诚振怖大王之威，不敢举兵以逆军吏，愿举国为内臣，比诸侯之列，给贡职如郡县，而得奉守先王之宗庙。恐惧不敢自陈，谨斩樊於期之头，及献燕督亢之地图，函封，燕王拜送于庭，使使以闻大王，唯大王命之。"秦王闻之，大喜，乃朝服，设九宾，见燕使者咸阳宫。荆轲奉樊於期头函，而秦舞阳奉地图匣，以次进。至陛，秦舞阳色变振恐，群臣怪之。荆轲顾笑舞阳，前谢曰："北蕃蛮夷之鄙人，未尝见天子，故振慑。愿大王少假借之，使得毕使于前。"秦王谓轲曰："取舞阳所持地图。"轲既取图奏之，秦王发图，图穷而匕首见。因左手把秦王之袖，而右手持匕首揕之。未至身，秦王惊，自引而起，袖绝。拔剑，剑长，操其室。时惶急，剑坚，故不可立拔。荆轲逐秦王，秦王环柱而走。群臣皆愕，卒起不意，尽失其度。而秦法，群臣侍殿上者不得持尺寸之兵；诸郎中执兵皆陈殿下，非有诏召不得上。方急时，不及召下兵，以故荆轲乃逐秦王。而卒惶急，无以击轲，而以手共搏之。是时侍医夏无且以其所奉药囊提荆轲也。秦王方环柱走，卒惶急，不知所为，左右乃曰："王负剑！"负剑，遂拔以击荆轲，断其左股。荆轲废，乃引其匕首以掷秦王，不中，中铜柱。秦王复击轲，轲被八创。轲自知事不就，倚柱而笑，箕踞以骂曰："事所以不成者，以欲生劫之，必得约契以报太子也。"于是左右既前杀轲，秦王不怡者良久。已而论功，赏群臣及当坐者各有差，而赐夏无且黄金二百溢，曰："无且爱我，乃以药囊提荆轲也。"

于是秦王大怒，益发兵诣赵，诏王翦军以伐燕。十月而拔蓟城。燕王喜、太子丹等尽率其精兵东保于辽东。秦将李信追击燕王急，代王嘉乃遗燕王喜书曰："秦所以尤追燕急者，以太子丹故也。今王诚杀丹献之秦王，秦王必解，而社稷幸得血食。"其后李信追丹，丹匿衍水中，燕王乃使使斩太子丹，欲献之秦。秦复进兵攻之。后五年，秦卒灭燕，虏燕王喜。

其明年，秦并天下，立号为皇帝。于是秦逐太子丹、荆轲之客，皆亡。高渐离变名姓为人庸保，匿作于宋子。久之，作苦。闻其家堂上客击筑，彷徨不能去。每出言曰："彼有善不善。"从者以告其主，曰："彼庸乃知音，窃言是非。"家丈人召使前击筑，一坐称善，赐酒。而高渐离念久隐畏约无穷时，乃退，出其装匣中筑与其善衣，更容貌而前。举坐客皆惊，下与抗礼，以为上客。使击筑而歌，客无不流涕而去者。宋子传客之，闻于秦始皇。秦始皇召见，人有识者，乃曰："高渐离也。"秦皇帝惜其善击筑，重赦之，乃矐其目。使击筑，未尝不称善。稍益近之，高渐离乃以铅置筑中，复进得近，举筑扑秦皇帝，不中。于是遂诛高渐离，终身不复近诸侯之人。

鲁句践已闻荆轲之刺秦王，私曰："嗟乎，惜哉其不讲于刺剑之术也！甚矣吾不知人也！曩者吾叱之，彼乃以我为非人也！"

心灵体验

刺客是天地间第一种激烈人，《刺客传》是《史记》中第一种激烈文字，而《荆轲列传》更是这类文字中的代表。全文迷离开合，寄意无穷。

荆轲，燕赵悲歌之士，"风萧萧兮易水寒，壮士一去兮不复还"，历史记住了他的名字，记住了他的悲壮，记住了他易水边的高歌！

放飞思维

1. 本文开头写荆轲与盖聂论剑、与鲁句践下棋两件轶事，这是否多余？

2. 文章通过对荆轲的言行的描写，表现了他怎样的性格？试作具体分析。

3. 荆轲刺秦王与聂政刺韩相侠累本质上有什么不同？你怎样评价荆轲刺秦王这件事和高渐离这个人？

121

苏 武 传

◆ 班 固

赞曰："……孔子称：'志士仁人，有杀身以成仁，无求生以害仁。''使于四方，不辱君命。'苏武有之矣。"

武字子卿，少以父任，兄弟并为郎。稍迁至栘中厩监。时汉连伐胡，数通使相窥观。匈奴留汉使郭吉、路充国等前后十余辈。匈奴使来，汉亦留之以相当。

天汉元年，且鞮侯单于初立，恐汉袭之，乃曰："汉天子，我丈人行也。"尽归汉使路充国等。武帝嘉其义，乃遣武以中郎将使持节送匈奴使留在汉者；因厚赂单于，答其善意。武与副中郎将张胜及假吏常惠等，募士、斥候等百余人俱。既至匈奴，置币遗单于。单于益骄，非汉所望也。

方欲发使送武等，会缑王与长水虞常等谋反匈奴中。缑王者，昆邪王姊子也，与昆邪王俱降汉，后随浞野侯没胡中，及卫律所将降者，阴相与谋劫单于母阏氏归汉，会武等至匈奴。虞常在汉时，素与副张胜相知，私候胜曰："闻汉天子甚怨卫律，常能为汉伏弩射杀之。吾母与弟在汉，幸蒙其赏赐。"张胜许之，以货物与常。后月余，单于出猎，独阏氏、子弟在。虞常等七十余人欲发，其一人夜亡，告之。单于子弟发兵与战，缑王等皆死，虞常生得。

单于使卫律治其事。张胜闻之，恐前语发，以状语武。武曰："事如此，此必及我。见犯乃死，重负国！"欲自杀。胜、惠共止之。虞常果引张胜。单于怒，召诸贵人议，欲杀汉使者。左伊秩訾曰："即谋单于，何以复加？宜皆降之。"单于使卫律召武受辞。武谓惠等："屈节辱命，虽生，何面目以归汉！"引佩刀自刺，卫律惊，自抱持武，驰召毉。凿地为坎，置煴火，覆武其上，蹈其背以出血。武气绝，半日复息。惠等哭，舆归营。单于壮其节，朝夕遣人候问武，而收系张胜。

武益愈，单于使使晓武，会论虞常，欲因此时降武。剑斩虞常已，律曰："汉使张胜，谋杀单于近臣，当死。单于募降者赦罪。"举剑欲击之，胜请降。律谓武曰："副有罪，当相坐。"武曰："本无谋，又非亲属，何谓相坐？"复举剑拟之，武不动。律曰："苏君！律前负汉归匈奴，幸蒙大恩，赐号称王；拥众数万，马畜弥山，富贵如此！苏君今日降，明日复然。空以身膏草野，谁复知之！"武不应。律曰："君因我降，与君为兄弟。今不听吾计，后虽欲复见我，尚可得乎？"武骂律曰："女为人臣子，不顾恩义，畔主背亲，为降虏于蛮夷，何以女为见！且单于信女，使决人死生；不平心持正，反欲斗两主,观祸败! 南越杀汉使者,屠为九郡。宛王杀汉使者,头县北阙。朝鲜杀汉使者,即时诛灭。独匈奴未耳。若知我不降明,欲令两国相攻,匈奴之祸,从我始矣!"

律知武终不可胁,白单于,单于愈益欲降之,乃幽武,置大窖中,绝不饮食。天雨雪,武卧啮雪,与旃毛并咽之,数日不死,匈奴以为神。乃徙武北海上无人处,使牧羝,羝乳乃得归。别其官属常惠等,各置他所。

武既至海上,廪食不至,掘野鼠去草实而食之。杖汉节牧羊,卧起操持,节旄尽落。积五六年,单于弟於靬王弋射海上,武能网纺缴,檠弓弩,於靬王爱之,给其衣食。三岁余,王病,赐武马畜、服匿、穹庐。王死后,人众徙去。其冬,丁令盗武牛羊,武复穷厄。

初,武与李陵俱为侍中。武使匈奴明年,陵降,不敢求武。久之,单于使陵至海上,为武置酒设乐。因谓武曰:"单于闻陵与子卿素厚,故使陵来说足下,虚心欲相待。终不得归汉,空自苦亡人之地,信义安所见乎?前长君为奉车,从至雍棫阳宫,扶辇下除,触柱折辕,劾大不敬,伏剑自刎,赐钱二百万以葬。孺卿从祠河东后土,宦骑与黄门驸马争船,推堕驸马河中溺死。宦骑亡,诏使孺卿逐捕,不得,惶恐饮药而死。来时,太夫人已不幸,陵送葬至阳陵。子卿妇年少,闻已更嫁矣。独有女弟二人,两女一男,今复十余年,存亡不可知。人生如朝露,何久自苦如此!陵始降时,忽忽如狂,自痛负汉,加以老母系保宫,子卿不欲降,何以过陵!且陛下春秋高,法令亡常,大臣亡罪夷灭者数十家,安危不可知。子卿尚复谁为乎?愿听陵计,勿复有云!"武曰:"武父子亡功德,皆为陛下所成就,位列将,爵通侯,兄弟亲近,常愿肝脑涂地。今得杀身自效,虽蒙斧钺汤镬,诚甘乐之。臣事君,犹子事父也,子为父死,亡所恨。愿勿复再言!"

陵与武饮数日,复曰:"子卿壹听陵言。"武曰:"自分已死久矣! 王必欲降武,请毕今日之欢,效死于前!"陵见其至诚,喟然叹曰:"嗟乎,义士! 陵与卫律之罪,上通于天!"因泣下沾衿,与武决去。陵恶自赐武,使其妻赐武牛羊数十头。

后陵复至北海上,语武:"区脱捕得云中生口,言太守以下吏民皆白服,曰:'上崩。'"武闻之,南乡号哭,呕血,旦夕临,数月。

昭帝即位,数年,匈奴与汉和亲,汉求武等,匈奴诡言武死。后汉使复至匈奴,常惠请其守者与俱,得夜见汉使,具自陈过。教使者谓单于,言"天子射上林中,得雁,足有系帛书,言武等在某泽中。"使者大喜,如惠语以让单于。单于视左右而惊,谢汉使曰:"武等实在。"

于是李陵置酒贺武曰:"今足下还归,扬名于匈奴,功显于汉室。虽古竹帛所载,丹青所画,何以过子卿! 陵虽驽怯,令汉且贳陵罪,全其老母,使得奋大辱之积志,庶几乎曹柯之盟,此陵宿昔之所不忘也! 收族陵家,为世大戮,陵尚复何顾乎?

已矣,令子卿知吾心耳!异域之人,壹别长绝!"陵起舞,歌曰:"径万里兮度沙幕,为君将兮奋匈奴。路穷绝兮矢刃摧,士众灭兮名已隤。老母已死,虽欲报恩将安归!"陵泣下数行,因与武决。单于召会武官属,前以降及物故,凡随武还者九人。

武以始元六年春至京师。诏武奉一太牢谒武帝园庙。拜为典属国,秩中二千石;赐钱二百万,公田二顷,宅一区。常惠、徐圣、赵终根皆拜为中郎,赐帛各二百匹。其余六人,老,归家,赐钱人十万,复终身。常惠后至右将军,封列侯,自有传。武留匈奴凡十九岁,始以强壮出,及还,须发尽白。

武来归明年,上官桀、子安与桑弘羊及燕王、盖主谋反,武子男元与安有谋,坐死。初,桀、安与大将军霍光争权,数疏光过失予燕王,令上书告之。又言苏武使匈奴二十年,不降,还,乃为典属国。大将军长史无功劳,为搜粟都尉,光颛权自恣。及燕王等反,诛,穷治党与,武素与桀、弘羊有旧,数为燕王所讼,子又在谋中,廷尉奏请逮捕武。霍光寝其奏,免武官。

数年,昭帝崩。武以故二千石与计谋立宣帝,赐爵关内侯,食邑三百户。久之,卫将军张安世荐武明习故事,奉使不辱命,先帝以为遗言。宣帝即时召武待诏宦者署。数进见,复为右曹典属国。以武著节老臣,令朝朔望,号称祭酒,甚优宠之。武所得赏赐,尽以施予昆弟故人,家不余财。皇后父平恩侯、帝舅平昌侯、乐昌侯、车骑将军韩增、丞相魏相、御史大夫丙吉,皆敬重武。武年老,子前坐事死,上闵之。问左右:"武在匈奴久,岂有子乎?"武因平恩侯自白:"前发匈奴时,胡妇适产一子通国,有声问来,愿因使者致金帛赎之。"上许焉。后通国随使者至,上以为郎。又以武弟子为右曹。

武年八十余,神爵二年病卒。

甘露三年,单于始入朝。上思股肱之美,乃图画其人于麒麟阁,法其形貌,署其官爵姓名。唯霍光不名,曰大司马大将军博陆侯姓霍氏,次曰卫将军富平侯张安世,次曰车骑将军龙额侯韩增,次曰后将军营平侯赵充国,次曰丞相高平侯魏相,次曰丞相博阳侯丙吉,次曰御史大夫建平侯杜延年,次曰宗正阳城侯刘德,次曰少府梁丘贺,次曰太子太傅萧望之,次曰典属国苏武。皆有功德,知名当世,是以表而扬之,明著中兴辅佐,列于方叔、召虎、仲山甫焉。凡十一人,皆有传。自丞相黄霸、廷尉于定国、大司农朱邑、京兆尹张敞、右扶风尹翁归及儒者夏侯胜等,皆以善终,著名宣帝之世,然不得列于名臣之图。以此知其选矣。

赞曰:"……孔子称:'志士仁人,有杀身以成仁,无求生以害仁。''使于四方,不辱君命。'苏武有之矣。"

心灵体验

这篇传记描述了苏武在敌国异地19年中不畏强暴,不被利诱,受尽折磨,宁死不降的英雄事迹;歌颂了他刚毅勇敢,忠于祖国的民族气节。全文语言形象生动,人物个性鲜明。

放飞思维

1. 作为史传文学,本文在历史事件描述的简洁性和人物性格刻画的生动性方面,结合得相当完美。请反复阅读,仔细体会。

2. 同是劝降,卫律与李陵有什么不同?苏武为何对他们采取不同的态度?

朱买臣传

◆ 班 固

> 买臣笑曰:"我年五十当富贵,今已四十余矣。女苦日久,待我富贵报女功。"

朱买臣字翁子,吴人也。家贫,好读书,不治产业,常艾薪樵,卖以给食,担束薪,行且诵书。其妻亦负戴相随,数止买臣毋歌呕道中。买臣愈益疾歌,妻羞之,求去。买臣笑曰:"我年五十当富贵,今已四十余矣。女苦日久,待我富贵报女功。"妻恚怒曰:"如公等,终饿死沟中耳,何能富贵?"买臣不能留,即听去。其后,买臣独行歌道中,负薪墓间。故妻与夫家俱上冢,见买臣饥寒,呼饭饮之。

后数岁,买臣随上计吏为卒,将重车至长安,诣阙上书,书久不报。待诏公车,粮用乏,上计吏率更乞丐之。会邑子严助贵幸,荐买臣。召见,说《春秋》,言《楚辞》,帝甚说之,拜买臣为中大夫,与严助俱侍中。是时方筑朔方,公孙弘谏,以为罢敝中国。上使买臣难诎弘,语在《弘传》。后买臣坐事免,久之,召待诏。

是时,东越数反覆,买臣因言:"故东越王居保泉山,一人守险,千人不得上。今闻东越王更徙处南行,去泉山五百里,居大泽中。今发兵浮海,直指泉山,陈舟列兵,席卷南行,可破灭也。"上拜买臣会稽太守。上谓买臣曰:"富贵不归故乡,如衣绣夜行,今子何如?"买臣顿首辞谢。诏买臣到郡,治楼船,备粮食、水战具,须诏书到,军与俱进。

初,买臣免,待诏,常从会稽守邸者寄居饭食。拜为太守,买臣衣故衣,怀其印绶，步归郡邸。直上计时，会稽吏方相与群饮，不视买臣。买臣入室中，守邸与共食，食且饱，少见其绶。守邸怪之，前引其绶，视其印，会稽太守章也。守邸惊，出语上计掾吏。皆醉，大呼曰："妄诞耳！"守邸曰："试来视之。"其故人素轻买臣者入视之，还走，疾呼曰："实然！"坐中惊骇，白守丞，相推排陈列中庭拜谒。买臣徐出户。有顷，长安厩吏乘驷马车来迎，买臣遂乘传去。会稽闻太守且至，发民除道，县吏并送迎，车百余乘。入吴界，见其故妻、妻夫治道。买臣驻车，呼令后车载其夫妻，到太守舍，置园中，给食之。居一月，妻自经死，买臣乞其夫钱，令葬。悉召见故人与饮食诸尝有恩者，皆报复焉。

居岁余，买臣受诏将兵，与横海将军韩说等俱击破东越，有功。征入为主爵都尉，列于九卿。

数年，坐法免官，复为丞相长史。张汤为御史大夫。始买臣与严助俱侍中，贵用事，汤尚为小吏，趋走买臣等前。后汤以廷尉治淮南狱，排陷严助，买臣怨汤。及买臣为长史，汤数行丞相事，知买臣素贵，故陵折之。买臣见汤，坐床上弗为礼。买臣深怨，常欲死之。后遂告汤阴事，汤自杀，上亦诛买臣。买臣子山拊，官至郡守，右扶风。

心灵体验

这篇人物传记结构谨严，叙事脉络分明。全文由两条线贯穿：一条是朱买臣发愤苦读及其仕途经历，一条是朱买臣与其妻的故事。前者为主线，后者为副线穿插其中。或此详彼略，或此略彼详，将一个安贫好学、知恩图报、疾恶如仇的朱买臣描述得活灵活现。

放飞思维

1. 本传笔肃中不乏风趣，请反复阅读，仔细体会。
2. 由文中可看出作者对朱买臣之妻持什么态度？你怎样评价买臣妻？

当时间在流动的时候，自然中美丽的景观常常撼动我们的心。但人文里时常被忽略的东西，也一样能震荡我们。譬如，一口在荒漠中废置的古井，海岸边已经剥蚀的废船，一堵断落的古墙，一个古人类的遗迹……

阅读历史

雨果从巴黎圣母院走来读她,他如痴如醉了:"一个近乎超人的民族所能幻想的一切都汇集于圆明园。只要想像出一种无法描绘的建筑,一种如同月宫似的仙境,那就是圆明园。假定有一座集人类想像力之大成的灿烂的宝窟,以宫殿庙宇的形象,那就是圆明园。如果不能亲自目睹圆明园,人们就在梦中看到她……"

　　如今我却不能读到她,不能在梦中看到她。

——《圆明园残简》

哭泣的圆明园

◆张晓惠

> 剩下我一人，静静地，在洁白的石块上坐下，对着这大水法遗址，对着这华美残破的罗马石柱，和苍天，和这些断壁残垣一起落泪哭泣……

一直以为，圆明园是哭泣的。八国联军蹂躏着她的肌体，摧毁着她的骨骼，冲天大火燃烧的是一个民族的自尊，百多年的疼痛如那西洋楼的残壁断垣穿越百年的风雨永远存在——伫立在那西洋楼大水法的遗址前，我无法不感受圆明园的疼痛，感受一个民族的屈辱和疼痛，是那种切肤的痛。

是10年前，去的圆明园。没有人愿去，说是那么远，又没啥看的。我说我肯定要去。

是阴凄凄的天。是冷峻峻的细雨，和着秋风如刀子一般刮在脸上。沿着浩渺的湖水，我走啊走的，不见一个人影儿。最后，终于走到了那大水法遗址——尽管多少次从图片上，从教科书中见过这遗址的照片，可当我立在苍苍的天空下，真实地面对着这一片一地一旷野的玉白石块时，仍感到那来自心底的震撼！依旧华美——我抚摸着那冰冰凉凉的玉石纹理；依旧精致——那欧式的曲线流畅又不羁；依旧贵族——断碎的罗马石柱在苍天下笔直出一派伟岸和傲然。后来我就流泪了，好在周围没人。我没带相机，但那些石块、石柱、石雕连同那灰苍苍的天空一起烙在了脑海，成为心房上一幅永不磨灭的壁画。

10年后的今日，我说，再去圆明园。对我来说，去圆明园是一种凭吊，一种拜谒，甚至是一种提醒。说出这些我不怕别人说我矫情，我就是这样想的。

进了圆明园，才发现今非昔比。10年前的清寂不复存在，曾经寂静的圆明园一片喧嚣。柳绿桃红藤紫，满目春色也罢，昔日皇族的休闲园址，也该平常百姓流连赏目；门票从5角涨到25元也罢，这遗址这偌大的园子要人管理也得养活自己。装饰华丽的人力车左右缠着：去福海？去绮春风？就10元，拖您去西洋楼您哪！谢了您哪，我说，我就是想自个儿走走。

往前，沿着湖边再往前，穿过紫藤架，右拐，是了，是遗址，大水法遗址。

想不到的是西洋楼遗址这儿，竟也有这许多的人！一群系着红领巾的孩子尖叫着互掷着石子；一群看来是高中生或是中专生的少男少女咬着冰棍儿在海宴堂遗址前高声唱着"对面的女孩走过来走过来"；几位看上去似干部样的人笑眯眯地

129

摆好阵势在镌刻着"圆明园"字样的大理石碑前照像,那捧着相机的说:笑!笑啊!这群人就腆着发福的肚皮蠢蠢地笑了。在大水法遗址前,就是那小时在书中看到,10年前在那儿哭泣的5根大罗马柱那儿,一对情侣旁若无人地拥抱亲吻!

刹那,我有点不知所措。亲吻示爱干吗到这大水法遗址面前呢?在这样残破颓败的乱石间,怎么笑得出来?要唱歌蛮好去那桃红柳绿的绮春园、长春园或是泛舟福海啊!看着这群在破碎的石块遗址前欢笑的老老少少,仰首凝视那高高而破残的罗马柱,眼眶和心口就都隐隐地疼起来。历史呢?耻辱呢?血性呢?!

前些年,曾经围绕这圆明园需不需要重建有过争论,结果是理智的人们理解了废墟的价值,尊重了历史留给我们残酷的真实,这片废墟留下了。当时,我是为留下拍案叫好。可今日见到这么多在废墟上在遗址前欢笑嬉闹的人群,我有点怀疑留下的必要了,在经过那么多岁月之后,眼前这般断壁残垣,还能提醒人们对一个多世纪前那场噩梦的记忆,那场中华民族的灾难与奇耻大辱?!

该是来圆明园,天就要阴的。一阵沙尘扑面而来,豆大的雨点砸了下来,劈头劈脸。欢笑的人群直往外冲。剩下我一人,静静地,在洁白的石块上坐下,对着这大水法遗址,对着这华美残破的罗马石柱,和苍天,和这些断壁残垣一起落泪哭泣……

心灵体验

　　法国巴黎油画院有普法交战图,法国画家"自绘败状",是为了教人勿忘国耻;强大的美国为了让人们记住珍珠港事件,把12月7日定为"国耻纪念日",也是为了提醒民众莫忘历史,加强国防。勿忘国耻,历史才不会重演;勿忘国耻,我们才能更好地开创未来。

放飞思维

　　1.文章标题是"哭泣的圆明园",是"我"哭泣,还是圆明园哭泣?抑或二者都哭泣?试作具体分析。

　　2.湖南的岳阳楼在历史上几经火烧,几经修复,并没有人持异议。为什么圆明园就不能修复呢?谈谈你的看法。

奥斯威辛没有什么新闻
◆［波兰］埃·姆·罗森塔尔

> 奥斯威辛没有什么新东西可以报道。这里天气晴朗，树木青青，门前还有儿童在打闹、嬉戏。

本报波兰布热津卡讯——在布热津卡，不知怎么，最令人毛骨悚然的是，在这里，太阳和煦、明亮，一排排高大的白杨树长势喜人，在门前不远的草地上，还有儿童在嬉笑、打闹。

这真像是一场噩梦，一切都可怕地颠倒了。在布热津卡，本来不该有太阳照耀，不该有光亮，不该有碧绿的草地，不该有孩子们的嬉笑。假若在布热津卡，从来就见不到阳光，青草枯萎凋残，那才合乎情理，因为这里是一个无法形容的恐怖地方。

但是，每天都有许多人从世界各地来到布热津卡，这里可能是世界上最可怕的旅游中心。人们怀着不同的目的来到这儿，有的是想看一看这里的情况是否像传说中所描绘的那样，有的是要提醒自己不要忘记这个悲剧，有的是想通过访问死难者受折磨的场所，来向他们致意。

布热津卡同南面更加著名的城市奥斯威辛只相隔几公里。奥斯威辛大约有12000居民，距华沙约171公里，坐落在莫拉维亚关卡东端的一片沼泽地上。

布热津卡和奥斯威辛共同构成了一座周密组织起来的大型杀人工厂的一部分，被纳粹称为奥斯威辛集中营。

从最后一批战俘脱光了衣服在狗和卫兵的驱赶下走进毒气室到现在，已经过去了14年，奥斯威辛的惨状被人们讲过许多次了。在集中营呆过的一些人曾写过许多回忆录，回忆录中提到的事是一般正常的人难以想像的。集中营总监鲁道夫·弗朗茨·弗迪南德·豪斯在被处死前曾写下一部回忆录，叙述了大规模杀人以及在活人身上做试验的情况。据波兰人说，有400万人死在这里。

这样，奥斯威辛就没有什么新闻好报道了。但是，有一种无形的压力迫使你提起笔来。这种压力来自无法抑制的某种感情。专程到奥斯威辛来，什么也不说，什么也不写，这对于这儿的受难者来说，实在是一种不友好、十分令人痛心的行为。

布热津卡和奥斯威辛如今已是十分宁静的地方，再也听不到刺耳的尖叫声。参观者默默地迈着步子，先是很快地望上一眼，接着，当他的脑海中浮现出牢房、毒气室、地牢和刑房时，脚步就逐渐放慢，简直是在地上拖着走。导游也不必多费唇舌，因为只要他用手一指，就一清二楚了。

对于每个参观者来说，都有某些他认为永远也不会忘记的特别恐怖之处。有的人在奥斯威辛感受最深的是重新修复的毒气室，据说这还是"小的"。而对另一些人留下深刻印象的是：在布热津卡，德国人撤退时破坏了的毒气室和焚尸炉的废墟上已长满了雏菊。

许多参观者目瞪口呆地盯着毒气室和焚尸炉，因为他们觉得这一切都不可思议。当他们看到玻璃窗后堆积得像小山似的头发，看到一堆堆婴孩的小鞋，看到一排排堆放着被窒息而死的人的尸体的砖房时，不禁毛骨悚然、不寒而栗。

一位参观者突然张开大口，差不多叫出声来。他看到好多木箱，一排排地放在女牢房里。每只木箱都有3层，宽6英尺，高3英尺。每只箱子晚上都要塞进5至10名女囚，她们就在里面过夜。导游很快地穿过牢房。那里没有别的东西。

有一座用砖砌成的建筑物，在这里，德国人曾在女囚身上作绝育试验。导游推了推门，门上锁了。记者实在感激，不必入内了，但马上臊红了脸。

一条长廊，一排排面孔从墙上死盯着你。成千上万张照片，囚徒的照片。他们都离开人世了。这些曾经站在照相机前的男人和女人都清楚死亡在等待着他们。

他们目光呆滞。但是，中间一排有一张照片却使记者回顾良久，思绪万千。一个年轻姑娘，大约只有22岁，丰满可爱，满头金发。她温柔地微笑着，好像想起了什么甜蜜美妙的事情。究竟是什么念头在这个姑娘的脑海中闪过呢？她的形象在奥斯威辛挂满死难者照片的墙上留下的纪念又意味着什么呢？

记者被带进地下窒息室呆了一会儿，喉咙就像被人扼住了一样。又有一个参观者走了进来，她踉跄地退了出去，在胸前直画十字。在奥斯威辛，没有地方可以祈祷。

参观者恳求似的你望着我，我望着你，然后对导游讲道："够了。"

奥斯威辛没有什么新东西可以报道。这里天气晴朗，树木青青，门前还有儿童在打闹、嬉戏。

心灵体验

作者完全采用平铺直叙的方法，力图以一种冷静的记录表现参观过程中的所见所闻，字里行间无处不透出一种使人窒息的沉重。开头和结尾写"天气晴朗，树木青青"，儿童的"打闹、嬉戏"，则进一步反衬了奥斯威辛集中营大屠杀的恐怖，同时也表达了人们对和平的热爱。

放飞思维

1.为什么文章开头"本报讯"中把"太阳和煦、明亮，一排排高大的白杨树长势喜人，在门前不远的草地上，还有儿童在嬉笑、打闹。"这些常人看来很愉快的事说成是"最令人毛骨悚然的"？

2. 为什么"废墟"上长满雏菊给一些人留下了深刻的印象？

3. 你如何理解"在奥斯威辛，没有地方可以祈祷"？

废墟的印象

◆禾 子

> 生命是需要活力的，在这样死气阴森的地方，
> 孕育不了活泼泼的生命。

太熟悉的事物总是缺少新鲜感，无论它多么庄严。比如故宫吧，幼年开始，每逢"六一"、"十一"，都由老师或家长带领去参观。以至于成年之后，绝少勇气再走进去。那细部繁复整体单一的建筑，那霉迹斑斑色泽暗淡的珠宝，那四平八稳、和谐对仗的范式，都给人说不出的单调感，压抑、疲惫，巴不得快走出那一重重大门。难怪清朝末世宫中三代不闻婴儿啼哭。生命是需要活力的，在这样死气阴森的地方，孕育不了活泼泼的生命。

走出学校东门，向北迤迤数里，即是圆明园遗址。因为离得近，遇有相知的朋友来访，最便当的去处，莫过于这片闻名中外的废墟了。

说是废墟，其实这里也充满了生气。土石间杂的小岗，断断续续，错落分布在苇塘荷田之间，园林工人们早在上面栽上了各种树木。春天，纷繁的桃花染红一带沟壑，密密层层，宛如一片朝霞，在晨光中开得格外喧闹。夏季，有清淡中透着娇艳的红荷，星星点点，撒满百亩水面。荷叶上随风滚动的水珠，莹莹地映着太阳的光晕，空气仿佛也流曳着隐隐的清香。秋天苇花飞白，清爽爽的秋风也变得迷迷蒙蒙。即使是最萧瑟的冬天吧，远村近树，也自有它不尽的生趣。何况冰冻的水面上，总会有那么多滑冰的青年人和追逐嬉戏的孩子。随着闪动的身影，鲜艳的运动衫和别致的滑冰帽，像彩蝶般飞舞。夕阳笑语中，湖冰也让人觉得温暖。

不记得哪位诗人说过，越空旷的地方越能激发人们的想像。在这块废墟上也徘徊多次了。面对烟痕犹在的残破石柱，扔满乱石的废池，雕着古代戎器的石屏风，当然会感慨系之。但思想的翅膀却不免沉重，不知该飞向何方。

这里曾经是号称"百园之园"的艺术之宫，集祖国古代艺术之大成。据说，它的名字是雍正钦定的，取"圆而入神，君子之时中也；明而普照，达人之睿智也"的寓意。然而，"圆通中庸，聪明睿智"，并没有免除它烟飞灰灭的命运。英法联军的炮火

133

中，奋起反抗的只有细民百姓，那些君子达人都哪去了？只留下冯婉贞的英名与这废墟长在。

在灾难中诞生几个英雄，给后世增添几篇豪壮的辞文，这未必就是民族的幸事。事到临头，主战、主和，也只是气节之争。是鲁迅说过吧，大凡危急时刻，总会有两种人出现。一倡国气，一主国力。可惜总是倡国气者居多，而主国力者势弱。因此，结局总不见好起来。

近期的报纸杂志上，也多有以圆明园为题的文章，意下常有讥讽今日的青年不懂历史。有废墟作证，历史是不会被遗忘的。但争论一番龙在上还是凤在上的旧话，附会一点儿史实，敷衍出一段精彩的故事，就算懂得历史吗？我常常疑惑。

历史的教训总是多方面的。

看过一些圆明园刚烧后的照片，那时远不如现在这般光净。最后拆除它的人们都是我们自己的同胞。总是这样，有人在国难中慷慨捐躯，有人在国难中趁机发财。剩下的除了解放后悉心保护的自然地貌外，便是西洋楼的几根石柱子。大约是当时靠人力搬不动这样沉重的物体，或是因为它没有多少实用的价值。

懂行的人说，那是欧洲巴洛克式的建筑，风格崇尚繁饰。劫后残留的几根石柱，却在单纯静穆中给人以朴素的庄严感，特别是在黄昏的时候。渐渐暗下去的光线，弥补了残破的缺欠，为它勾出一个淡淡的轮廓，在柔和的暮霭中，显得高大而完整。柱石上雕饰的常青藤，静静地生动起来，与四处的树木花丛，融成一片浓浓的阴影。它像图腾柱，使人想起那远古洪荒中的祖先，虔诚的膜拜中永不衰竭的祈愿。它像纪念碑，为一段暗淡的历史作证。它像瞭望的塔楼，标志着一个民族探索世界的视野。

史书记载，西洋楼是宫廷画家意大利人郎世宁设计监造的。据说当初上面还盖有琉璃瓦，可谓中西合璧。我们的先人发明了火药，自己用来放烟火歌舞升平，欧洲却用来发展枪炮；我们的指南针用来看风水，他们却发展了航海事业。而欧洲发达起来的机械工业，并不曾影响我们的生产方式，而艺术倒是捷足先登，装饰了我们的宫廷。洋为中用，古已有之，用之何处，可大有不同。一直到帝国主义的坚船利炮轰开了闭锁的国门，才有几个有识之士意识到图强之路，但又终于抵不过守旧派的声势。封闭停滞的社会是不需要科学的。

虽然去过多次了，见到的其实只是废墟的一角。直到去年冬天，才由一个同学带领，漫游了圆明园西部的大片遗址。

正是三九天气。冷冽的朔风撕扯着薄薄的暗云，光秃秃的白杨林带声嘶力竭地喘息着。公路向北不远，就可以看见古朴的山石土岗。几座房舍夹着一个长方形的小湖，已经冻裂的湖面，似乎也在轻轻地呻吟。这就是福海，是圆明园近门的主

134

要水域。湖岸上有一片小杨树苗圃。树叶早已落尽，被风刮起的衰草丝丝缕缕地挂在树梢上。隔着枝条，隐约可见一座结构简单的灰砖塔，近前才发现是"三一八"殉难烈士纪念碑。殉难者的名字刻在粗糙的石面上，有市民、有学生，还有警察。这是我以前不曾注意的，我只知道那常挂着微笑的刘和珍，在军阀的枪弹中倒下去。即使刻在石碑上，也会被人遗忘。他们的名字早已斑驳不清，但生着荒草的石阶上却放着两个小小的花圈，被风吹雨淋退了色的小纸花，在寒风中瑟瑟地颤抖。

沿着曲折的荒径，穿林过湖，骑车绕了大半天，满目所见大都是纷乱中见出规整的山石湖塘。当年皇帝听政的"正大光明"殿，只剩下一块地基，上面生满了衰黄的枯草。望瀛洲对面的小岛上有一个废弃的气象站，破旧的百叶箱歪斜在乱石中。"雷峰夕照"、"平湖秋月"等景点已经无从辨认，其实又何必去辨认呢？而废墟腹地的一座土石的小城，却依旧轮廓齐整。墙内的空场足以跑马射箭，墙下还有一条通往外面的暗道。见到过的文字记载都不曾谈起这座城，当年不知是练兵的校场，还是执法的刑场？它在颓败中仍不失威严，想必也曾演出过不少惊心动魄的悲剧。

密密的小松树林中有一小片草地，依山傍水，种着一丛丛丁香树，只有一条小径穿过，连结起前、后湖。真是一个踏青的好去处。当时，曾发过一个大愿，到春暖花开的时候再来重游。就像许多不能实现的愿望一样，后来终于因为没有时间而作罢。

又过了半年，在埋头书卷的闲暇中，时时会想起那片幽深的林地，想像着废墟生机勃发的春天。当日的印象大多已模糊，只有那塔和城的形象不肯消退，和这块小小的草地一起，伴随着深沉的感受长留在心底。

文化是宝贵的，它是一个民族集体创造的成就。不甘停滞的民族，也总要创造出新的文化。旧的陈腐，滋养新的诞生，生生不息，永无止境。这才是一个民族蓬勃生命力的表现。

因此，每当我登上石屏风南面的小山，没有感伤，没有怅惘。任目光自由地掠过开辟在花榭流湖上的荷田。于是，一个古怪的念头便会在心中升起。我想叫住那些在林间小径上匆匆跑过的青年学生，或者是那些兴致勃勃的游人，还有那些埋头工作的园林工人们。和他们谈一谈。你们走过废墟的时候，都在想些什么？他们都很匆忙，汗水也和荷叶上的水珠一样，在阳光下滚动、闪烁……

轰轰的机器声在四外震响，汽车的喇叭急躁地彼此呼应。越过层层环绕的树木，可以望见远处旧的塔影和新的楼群。东面是全国最大的理工科大学清华大学，南面是全国最大的综合性大学北京大学。还有数不清的工厂、医院、商店、俱乐部和居民住房。这些都建筑在圆明园的废墟上。每一条街道，每一个院落，每一间房舍中，都有活的生命在跃动，都有希望在平凡的欢乐和痛苦中艰难地衍生。人们就是这样匆忙地创造着生活,历史就是这样缓慢地更新着文化。

这就是废墟留给我的最深刻的印象:它在活起来、动起来。而且,向着世界,向着未来。

心灵体验

读《废墟的印象》,一种浓烈的历史的厚重感和为建设一个国力强盛、人民富裕的国家的使命感扑面而来。全文结构看似散,但散而不漫,严谨有序;文章前后照应,对废墟的描述和内心感慨的述说严密地糅合在一起,形成整体;行文含而不露,言简意赅,曲曲折折又别有情致。

放飞思维

1. 作者认为圆明园这片废墟向人们昭示出了一个怎样的真理?

2. 有人在国难中慷慨捐躯,有人在国难中趁机发财,历史难道会永远这样轮回吗?

3. 在写到"三一八"殉难烈士纪念碑时,有这样一段描述:"他们的名字早已经斑驳不清,但生着荒草的石阶上却放着两个小小的花圈,被风吹雨淋退了色的小纸花,在寒风中瑟瑟地颤抖。"这段文字看似漫不经心而为,但蕴含着深意,你能理解吗?

圆明园残简

◆王和声

两个强盗走进圆明园,一个抢了东西,一个放了火。在历史面前,这两个强盗,一个叫法兰西,一个叫英吉利。

一

读圆明园,如同读一册简牍散佚的残简,断章残句,我无法标点。

她原本是一篇美文,行云流水的音律,跌宕平仄的韵脚。朗之吟之,如痴如醉。

读圆明园，如同一串珠玑丝裂的玉链，遗珍散珠，蒙尘染垢，我捧玉心焚。

她原本是一身珠光宝气，晶莹剔透，瑞光四射。抚之玩之，如梦如幻。

雨果从巴黎圣母院走来读她，他如痴如醉了："一个近乎超人的民族所能幻想的一切都汇集于圆明园。只要想像出一种无法描绘的建筑，一种如同月宫似的仙境，那就是圆明园。假定有一座集人类想像力之大成的灿烂的宝窟，以宫殿庙宇的形象，那就是圆明园。如果不能亲自目睹圆明园，人们就在梦中看到她……"

如今我却不能读到她，不能在梦中看到她。

1860年10月的一天，雨果看到"两个强盗走进圆明园，一个抢了东西，一个放了火。在历史面前，这两个强盗，一个叫法兰西，一个叫英吉利"。

1860年10月的这一天，简毁珠散，日月无光。

我梦中的圆明园哟，我捧玉心焚的圆明园！

二

这儿叫"大水法"，那是老佛爷给它的称呼。西洋人叫"喷泉"，一个很文明的名词。

大水法，圆明园最壮观的喷泉。那只威风凛凛的大铜狮，头顶喷出7层水帘；菊花形椭圆喷池中心的梅花鹿，鹿角喷水8柱；两侧10只铜狗从口中喷出水柱直射鹿身，溅起层层浪花；左右那两座13层的方形喷水塔，塔顶与四周88根喷管交织成网。若喷泉全部开放，有如山洪暴发，声闻里许。

当年，老佛爷坐在对面的"观水法"观赏这个奇景。英国那个"文明"的使臣马戛尔尼，也在这儿瞻仰过水法奇观。他觉得这奇观不应该在不文明的大清帝国，他觉得中国人不配享受这大水法。这大水法应该搬到英吉利去叫大喷泉，如同将香港掳掠到米字旗下，那美丽的海湾就取了那位女皇亚历山德丽娜的名字，叫做维多利亚湾。

于是英吉利开来坚船利炮就这样做了。英法联军闯入这宫廷禁地，将珍宝财物抢掠一空，焚火三天，烟尘蔽日。万园之园，顷刻化为劫灰。

如今的大水法，那石龛式门洞如同一颗不屈的头颅，如同一副不倒的铮铮铁骨，昂然屹立在翠绿的苇丛。

它不会流泪了，喷泉早已干涸；它不会声如山洪了，它已喉干嗓哑。

我百年蒙屈的大水法哟，我撕肝裂胆的大水法！

三

不知道应怎样称呼你，一米见方的一尊大石雕。当年你应该嵌砌在那册简牍的哪一个部位？

无论你嵌砌在哪一个章节，无论你组合在哪一个句子，哪怕只是一个小小的标点，你都是那样的和谐，那样的完美。

我在天安门城楼上见过你，我在天坛祈年殿外见过你，还有华表，还有金水桥。你的学名叫汉白玉。

汉白玉，白如雪，洁如玉。一个多么圣洁的名字。一见到你，我就在心里呼喊，你是一位堂堂正正的中国汉子。你裂身为二，你宁为玉碎，不为瓦全。你躺在大地母亲的怀里，你仰面朝天，经受着一个多世纪风风雨雨的洗刷，仍然棱角分明。你孤身自守，展示着百年前的愤怒。

有小草与你为伴，绿茵衬托出你威武不屈的英姿。牵牛花爬进你撕裂的伤口，你就有了生命。你是一种精神，你是历史的铁证，你是中华儿女不屈的身子骨。

我摄下你的身影，我把你珍藏在我的画册里，我把你嵌砌在我这篇简牍里，你是最美的一个标点、一个句子。

我白如雪洁如玉的汉白玉哟，我宁为玉碎的汉白玉！

心灵体验

这是一首献给圆明园的挽歌，哀婉、凄切。作者制造了一种深沉凝重的感情氛围，同时又给人一种新的审美启迪，让我们从圆明园残缺的局部，感受到她坚贞不屈的气节；从她那威武不屈的神韵，体验到一种残缺的美。

放飞思维

1. 作者为什么说那一尊大石雕是这篇简牍里最美的一个标点、一个句子？

2. 文中提到1860年10月的一天，雨果看到"两个强盗走进圆明园，一个抢了东西，一个放了火。在历史面前，这两个强盗，一个叫法兰西，一个叫英吉利"。你知道这指的是历史上哪一个事件吗？你对那一段历史了解多少？

3. 在圆明园的废墟上，应该有很多残景，但作者为什么只选取了大水法和一尊大石雕来写？

读　　碑

◆刘成章

>　　读书往往要读注释,才能读得懂。读碑也需要注释。南泥湾的九龙泉烈士纪念碑,是人民英雄纪念碑的一条极好的注释。
>　　现在完全读懂了吗?

　　我说的是人民英雄纪念碑。

　　20余年前,我第一次看到它,印象十分深刻。它庄严,雄伟,壮观,像一个有着汉白玉肌肤的巨人,站立在天安门广场。其时,瞻仰者络绎不绝,如半凝滞的河水缓缓流淌;我比他们看得更慢,是河水中的一块石头。

　　它正面的题词,我细细地读;它背面的碑文,我细细地读;它底座上的浮雕,我也一一细心地看了。题词和碑文沁入我心,浮雕又夯实了我对它们的记忆。

　　忘不了的还有,离开的时候,见石栏杆前,一喜盈盈的少妇,抱着一个牙牙学语的孩子,少妇抬抬下巴指点,孩子伸出豆芽般的小手,抚摸石栏杆上突出的圆柱。它使我怦然心动。刹那间,昨天,今天,明天,一齐在我心头涌现。我不由再次仰起头:彼苍者天,此碑丰哉!丰碑千丈!

　　后来,我每次去北京,天安门广场都是少不了要去的地方,去了,自然要见纪念碑。不过,有时是细看,有时只是扫那么一眼。然而,终因看的次数数也数不清了,那碑上毛泽东的题词,那碑上毛泽东起草、周恩来手书的碑文,不敢说可以倒背如流,起码是牢牢地记在心里了。随着阅历的增长,我对它们的体会弥深。

　　但是,那年去了一趟南泥湾,我竟发觉,我并没有读懂!

　　南泥湾有一个泉,叫做九龙泉,泉上小亭如开花的浓荫,掩映着一座烈士纪念碑。那是当年王震同志率领的三五九旅,在这儿开展大生产运动时立下的。多年的风雨剥蚀,那碑身已经有些残破。周围一片静寂,只看见几个默默耕作的农民;碑前也只站着我和陪同我的一个同志。碑如苍茫无边的古老星体,我俩是卫星一和卫星二,绕着它运行。

　　它的正面,像个储得满当当的铅字架;它的背面,也像个储得满当当的铅字架;整个碑上,是字的堆积,字的重叠,字的密密麻麻。什么字? 森林一样的烈士的名字!

　　我的呼吸急促起来。啊,一个旅历年就牺牲了这么多的战士!

泉水如泣如诉。

陪同者告诉我，年前，一位烈士的亲属从南方来，趴在碑上查找烈士的名字，整整找了半个小时，都没有找见。他说，假若让他到一个团的营房挨着门找人，也该找到了。

烈士的名字究竟有多少，我没有数，只是粗估了一下：我然后将目光投向前边开阔的川道。我是想：要是把每两个名字都复活为一个血肉之躯，那么，他们足足可以把多半条川道站满！要是他们又像开誓师会那样齐声高呼，那么，这条川道将震响着多么恢弘的一片声音！

我于是想起了人民英雄纪念碑。我以前实在没有读懂它。那碑文中的"三年以来……""三十年以来……""由此上溯到一千八百四十年……"只从字面上读读就行了吗？它的背后还有什么呢？难道不是铭刻着的密密麻麻重重叠叠逶逶迤迤起起伏伏触目惊心比森林还要辽阔十倍百倍的烈士的名字么？名字的数目，不是几十万，不是几百万，而是几千万！要是把那些名字也都复活为血肉之躯，那么，天安门广场是站不下的。加上东西长安街也是站不下的。就是把偌大的北京城挤得房倒屋塌，也摆不下他们的巨大阵容！他们的人数，是要比世界上绝大部分国家的公民数还要多的！然而，为了缔造我们的幸福生活，这么多、这么多的英雄儿女，竟都倒在血泊里了！

这一层，看起来浅显，但却是不易读出来的最基本的东西。

读书往往要读注释，才能读得懂。读碑也需要注释。南泥湾的九龙泉烈士纪念碑，是人民英雄纪念碑的一条极好的注释。

现在完全读懂了吗？

不敢说。但起码，每每看见人民英雄纪念碑，心中便升腾起一股悲壮感和使命感；起码不会因为人生道路的漫长，口袋里的什么东西丢了，也发现不了。起码不会在某一天，摔了跤，眼镜也打碎了，抬头望望，说天安门广场的那个环绕着浮雕的高大建筑，只是一个美丽的装饰。

心灵体验

读碑，实质上是在读历史，读烈士，读他们那升腾着热血与精神的心灵。透过这心灵，我们看到了中华民族的魂。

读此文，有一种情绪在心中升腾，耳边响起一个声音："人民英雄永垂不朽！"

140

放飞思维

1. 作者读碑,读到了什么?你读《读碑》又读出了什么?
2. 有一篇课文叫《人民英雄纪念碑》,对照课文与奉文,看看它们在写法上有什么不同。
3. 你参观过烈士陵园或者纪念堂吗?你认真地读过它们没有?

阅读历史

写故事人的故事
——访勃朗特姊妹故居

◆宗 璞

> 他问最小的安,她最想要什么。答:"年龄和经验。"问艾米莉该怎样对待她的哥哥布兰威尔。答:"和他讲道理,要是不听,就用鞭子抽。"又问夏洛蒂最喜欢什么书。答:"《圣经》。"其次呢?"大自然的书。"

在英格兰约克郡北部有一个小地方,叫做哈渥斯。100多年前,谁也没有想到,它会举世闻名。有这么多人不远万里而来,只为了看看坐落在一个小坡顶的那座牧师宅,领略一下这一带旷野的气氛。

车子经过一处废墟,虽是断墙破壁,却还是干干净净,整理得很好。有人说这是《呼啸山庄》中画眉田庄的遗址,有人说是《简·爱》中桑恩费尔得府火灾后的模样,这当然都不必考证。不管它的本来面目究竟如何,这样的废墟,倒是英国的特色之一,走到哪里都能看见,信手拈来便是一个。这一个冷冷地矗立在旷野上,给本来就是去寻访故居的我们,更添了思古之幽情。

到了哈渥斯镇上,在小河边下车,循一条石板路上坡,快到坡顶时,冷风中的雨忽然地变成雪花,飘飘落下。一两个行人撑着伞穿过小街。从坡顶下望,觉得自己已经回到百年前的历史中去了。

转过坡顶的小店,很快便到了勃朗特姊妹故居——当时这一教区的牧师宅。

这座房子是石头造的,样子很平板,上下两层,共八间。一进门就看见勃朗特三姊妹铜像。艾米莉(1818~1848),在中间,右面是显得幼小的安(1820~1849),左面是仰面侧身的夏洛蒂(1816~1855)。她们的兄弟布兰威尔有绘画才能,曾画过

141

三姊妹像。据一位传记作者说，像中三人，神情各异。夏洛蒂孤独，艾米莉坚强，安温柔。这画现存国家肖像馆，我没有看到过。铜像三人是一样沉静——大概在思索自己要写的故事。眼睛不看来访者。其实该看一看的，在她们与世隔绝的一生里，一辈子见的人怕还没有现在一个月多。

三姊妹的父亲帕特里克·勃朗特年轻时全靠自学，进入剑桥大学圣约翰学院，毕业后曾任副牧师、牧师，后到哈渥斯任教区长。他在这里住到他的亲人全部辞世，自己在84岁上离开人间。他结婚9年，妻子去世，留下6个孩子，4个长大成人。他们是夏洛蒂，布兰威尔，艾米莉和安。绘画的布兰威尔是惟一的儿子，善于言辞，镇上有人请客，常请他陪着说话。只是经常酗酒，后来还抽上鸦片，31岁时去世。

在原来孩子们的房间里，陈列着他们小时的"创作"。连火柴盒大小的本子上也密密麻麻写满了字，墙上也留有"手迹"。据说那时纸很贵。他们从小就在编故事。两个大的编一个安格利亚人的故事，两个小的编一个冈达尔人的故事。艾米莉在《呼啸山庄》前写的东西几乎都与冈达尔这想像中的国家有关。可惜"手迹"字太小，简直认不出来写的什么。

帕特里克曾对当时的英国女作家、第一部夏洛蒂·勃朗特传的作者盖茨凯尔夫人说：孩子们能读和写时，就显示出创造的才能。他们常自编自演一些小戏，戏中常是夏洛蒂心目中的英雄威灵顿公爵最后征服一切。有时为了这位公爵和波拿巴、汉尼拔、恺撒究谁的功绩大，也会争论得不可开交，他就得出来仲裁。帕特里克曾问过孩子们几个问题，他们的回答给他印象很深。他问最小的安，她最想要什么，答："年龄和经验。"问艾米莉该怎样对待她的哥哥布兰威尔，答："和他讲道理，要是不听，就用鞭子抽。"又问夏洛蒂最喜欢什么书，答："《圣经》。"其次呢？"大自然的书。"

1835年，夏洛蒂在伍列女士办的女子学校任教员，艾米莉随去学习。她因为想家，不得不离开，由安来接替。艾米莉20岁时到哈利费克斯任家庭教师，半年后又回家。离家最长的时间是和夏一起到布鲁塞尔学习9个月。她习惯家里隐居式的无拘束的生活。她爱在旷野上徘徊，让想像在脑子里生长成熟。她和旷野是一体的，离开家乡使她受不了，甚至生病。但她不是游手好闲的人，她协助女仆料理一家人的饮食。据说她擅长烤面包，烤得又松又软。她常常一面做饭一面看书。《呼啸山庄》总有一部分是在厨房里写的吧。夏洛蒂说她比男子坚强，比孩子单纯；对别人满怀同情，对自己毫不怜惜。她在肺病晚期时还坚持操作自己担当的一份家务。

夏洛蒂最初发现艾米莉写诗，艾米莉很不高兴。她是内向的，本来就是诗人气质。她在1846年写成《呼啸山庄》，次年出版，距今已100多年了，读者还是可以感到这本书中喷射出来的滚沸的热情。她像一座火山，也许不太大。

从她的出版人的信中，我们知道她于1848年春在写第二本书，但是没有手稿的片纸只字遗留下来。一位传记作者说，也许她自己毁了，也许夏洛蒂没有保藏好，也许现在还在她们家的哪一个橱柜里。

1848年9月布兰威尔去世时，艾米莉已经病了，她拒绝就医服药，于12月19日逝世。可是勃朗特家的灾难还没有到头，次年5月，安又去世。安写过诗，和两个姐姐合出一本诗集，写过两本小说《艾格尼丝·格雷》和《野岗庄园房客》，俱未流传。她于1849年5月24日往斯卡勃洛孚疗养，夏洛蒂陪着她。28日病逝，就近殡葬。

牧师宅中只有夏洛蒂和老父相依为命了。

陈列展品中有夏洛蒂的衣服和鞋，都很纤小，可以想见她小姑娘般的身材。她们三人写的书，曾被误认为是出于一个作者，出版人请她们证实自己身份。夏洛蒂和安不得已去了伦敦。见到出版人拿出邀请信来时，那位先生问她们从哪儿拿来的这信，完全没有想到这两个小女人就是作者。

三人中只有夏洛蒂生前得到作家之名。她活得比弟妹们长，也没有超过40岁。她在布鲁塞尔黑格学校住过一年多，先学习，后任教。这时她对黑格先生发生了爱情。她爱得深，也爱得苦，这是毫无回报的爱。这也是夏洛蒂一生中惟一一次的充满激情的爱，结果是四封给黑格的信，在他的家里保存下来。夏洛蒂于1854年6月和尼科尔斯副牧师结婚。她看重尼科尔斯的爱，对他感情日深。勃朗特牧师宅中有一个房间原是女仆住的，后改为尼科尔斯的房间。

夏洛蒂于1855年3月，和她几个姊妹一样，死于肺病。

楼上较大的一间房原是勃朗特先生用，现在陈列着三姊妹著作的各种文字译本，主要是《简·爱》和《呼啸山庄》。但是没有中文本。这缺陷很容易弥补。我们立刻允诺送几部中译本来陈列。

从窗中望去，可见近处教堂尖顶，据说墓地也不远。勃朗特全家除安以外都葬在那里。这里的一切费用都是三姊妹的忠诚读者捐赠的。人生得一知己足矣，有这样多的人爱她们，关心她们的博物馆，真让人高兴——当然不只是为她们。

我们又回到旷野上。风还在吹，雨还在飘。满地深绿色看不出一点摇动，仿佛天在动，而地却停着。车子驶过一座又一座丘陵，路一直伸向天边。这不是简·爱万分痛苦地离开桑恩费尔得的路吗？这不是凯瑟琳·恩萧和希斯克利夫生前和死后漫游的荒野吗？他们的游魂是否还在这里飘荡？勃朗特姊妹在这里永远与她们的人物为伴了。

听说这一带还有勃朗特瀑布、勃朗特桥，一块大石头是勃朗特座位，连这个县都以勃朗特命名了。

心灵体验

作者访故居、说故事，穿透的是历史，抒发的是思古幽情。

文章第一部分交代故居的地理位置，描写富有特色的废墟建筑，营造出一种回归历史的氛围；从旷野的气息，到思古之幽情，再到历史的回归，丰富而深邃。第二部分写故居及故居里的故事，围绕三姊妹铜像展开，以时间为序，展示了勃朗特姊妹的悟性、灵气、才能和成就，仰慕与崇敬之情溢于字里行间。第三部分是参观后的感悟，是由衷的感叹，也是心灵的对话。全文思维清晰而又开阔。

放飞思维

1. 三姊妹铜像和画像表现了三姊妹什么样的性格特点？她们的主要成就是什么？

2. 描摹雕像和作者写作时都突出勃朗特姊妹"在思索自己要写的故事"而"眼睛不看来访者"的特点，这有什么作用？

屠格涅夫故园

◆尧山壁

1883年8月22日，屠格涅夫逝世于"岑树别墅"，瞑目前写了83首散文诗中的最后一首《我的树》。念念不忘"我千年的古树，一棵高大的老橡树，枝繁叶茂，浓荫如盖"。

自莫斯科经图拉，东南奔奥廖尔州，喧哗的奥尔卡河既是旅伴又是向导，一路少了寂寞，半天就到达屠格涅夫故乡斯巴斯科耶——卢维诺沃庄园。从路标上看，南距州府奥廖尔市60公里。

正如屠格涅夫书中描绘的那样，柔和的空气中弥漫着秋天的葡萄酒样的香味，远处黄澄澄的田野上笼罩着一层薄雾。顺林阴路向前面的青堂瓦舍走去，不由嘴里念起那首《森林和草原》："回到幽暗的花园里，回到村子上。那里菩提树高大而阴凉,铃兰花发出贞洁的芬芳,那里有繁茂的树木,生长在膏腴的田野上,那里大麻和荨麻发出馨香……"念着念着好像我自己变成屠格涅夫,回到了久违的故乡。这森林里的花园,花园里的别墅,别墅旁的小木屋,屋前屋后的红樱桃,飞来飞去的松鸡、山鹬,都曾在屠格涅夫作品里反复出现过。今天身临其境,走着走着又好像走进他的著作里。

庄园主宅是一组欧式别墅,即使在今天看上去也够豪华,大门高窗,雅致的雕塑,旁出的烟囱。厅内高大的壁炉,精美的吊灯,都说明着主人高贵的出身。斯巴斯科耶—卢维诺沃,是屠格涅夫母亲家族的世袭领地,拥有60户农奴。父亲是没落贵族出身的退役军官,婚后住在这里。屠格涅夫1818年生于奥廖尔市,童年和少年在这里度过。13岁进莫斯科大学学语文,一年后转入圣彼得堡大学读哲学,毕业后赴柏林大学攻读哲学和古典文学,每逢假期都回到庄园来。庄园留给屠格涅夫的记忆是冷酷的,母亲暴戾专横,经常打罚农奴,"到处是耳光、拳脚和巴掌",连他自己也"几乎每天为小事挨鞭子"。所以"我很早就仇恨奴隶制和农奴制,我的仇恨是通过观察周围罪恶的环境产生的"。

屠格涅夫从小喜欢森林,7岁就能辨别鸟的声音。他喜欢跟农奴的孩子们一起玩耍,喜欢听老农奴讲故事,听一位老农奴给他背诵赫拉斯科夫的《俄罗斯颂》。稍大,他知道了普希金。在屠格涅夫的书房和寝室里,到处是普希金的相片,那轮"俄罗斯的太阳"照耀着他成长。他反复读过的普希金著作,几乎每页都有眉批和圈点,普希金的浪漫和莱蒙托夫的哲理,早早融化在他的血液里。屠格涅夫自称"容易感受诗的人",大学期间就创作了诗剧《斯杰诺》,柏林归来出版了长诗《帕拉莎》,引起别林斯基的注意,称赞"整个长诗充溢着严整而统一的思想、格律和色调,文体精练。不仅揭示作者的写作才能,而且表现了善于支配对象才能的成熟和它的力量。"后来又写了长诗《地主》和《交谈》,却受到别林斯基的否定。并非诗人江郎才尽,而是生不逢时。俄罗斯诗歌的黄金时代,已随着普希金和莱蒙托夫的早逝而大势已去,文坛主流已经让位于小说了。

庄园至今还保留着小木屋,圆木罗列成墙,前有门廊,上有阁楼,墙角放圣像,烤炉厚得可以睡下一个孩子。屠格涅夫喜欢打猎,1846年夏秋两季常常牵狗擎枪,套上竞走马车,走遍奥廖尔和相邻几州,出入森林洼地,夜宿守林人木屋,一年打下了304只猎物。他把这种经历,用优美的散文笔调写成小说,寄给涅可拉索夫和帕那耶夫主持的《现代人》杂志。编辑看着新奇,又觉得不伦不类,把第一篇《霍尔与卡里内奇》加上"猎人笔记"的副题发表,在5年共计发表22篇,后以《猎人笔记》书名出版。这一系列作品没有主角,没有连贯故事,真实地展示农奴制下俄罗斯广阔的生活背景,表现了农民的悲惨命运。他把浓郁的散文性和诗情画意结合起来,色彩斑斓,细腻委婉,使人耳目一新。被后来的福楼拜、都德、龚古尔、莫泊桑推崇备至,英国唯美主义作家王尔德称赞他为"最精致的作家",美国作家廖姆斯称赞他为"世界小说家中的小说家"。

屠格涅夫终身未娶,没有给庄园留下继承人,因为一个异国丽人夺走了他的心。1843年秋,巴黎的意大利歌剧院在圣彼得堡演出,25岁的屠格涅夫迷上了22岁的演员波丽娜,虽知名花有主而痴心不改,成为了她的崇拜者中的首选。一年多后剧院回国,诗人失魂落魄地尾追至巴黎,租房与波丽娜毗邻而居,白天写作,晚上登门拜访。普法战争时波丽娜举家迁居德国巴登,屠格涅夫又紧挨她家建起自己的住宅。战后随波丽娜一家重回巴黎,在郊区小镇布日瓦尔合买了一套房子,取名"岑树别墅"。屠格涅夫生活在热烈相思之中,同时也生活在对斯巴斯科耶—卢维诺沃的回忆和想像之中,爱情激励了他的创作,先后写了《罗亭》、《贵族之家》、《前夜》、《父与子》等6部长篇小说,主要表现农奴制解体前夕俄国知识分子的命运。他对农奴制深恶痛绝,说"在我眼中这个敌人有一定形象,冠以众人皆知的名字,这个敌人就是农奴制,在这个名字周围,我准备了一切,决意同它斗争到底,发誓永不同敌人和解。"屠格涅夫属于自由主义者,与革命民主主义还有一定距离。但是关注和忠实生活,使他的作品具有鲜明的现实主义和民主主义倾向。而多年的庄园生活正是他的思想基础,《初恋》中的父母的形象不少取材于双亲,《贵族之家》中的拉夫列斯基身上有他自己的影子,老仆安东、法籍女教师莫萝连名字都没有改动。

屠格涅夫晚景凄凉,远离故乡,孤独忧郁,病魔缠身。这个以诗起步的作家又返回诗神怀抱,尝试用散文形式写诗,使诗的感染力和散文的说服力相得益彰。文章是写给自己的,无意公布于世。但是艺术是不属于私有财产的,散文诗成为他对世界文学的最后贡献。1883年8月22日,屠格涅夫逝世于"岑树别墅",瞑目前写了83首散文诗中的最后一首《我的树》。念念不忘"我千年的古树,一棵高大的老橡树,枝繁叶茂,浓荫如盖"。

心灵体验 走进屠格涅夫故园,想起屠格涅夫的创作和生平。文章结合屠格涅夫的作品,用极优美、细腻的笔触为我们描绘了屠格涅夫生活的环境和激发他创作的源泉。它让我们走近大师的生活,走进大师的心灵。

放飞思维
1. 因为什么屠格涅夫被王尔德称赞为"最精致的作家"?
2. 从文中可看出屠格涅夫是怎样一个人?
3. 试根据课文内容为屠格涅夫编写一则简历。

斯大林格勒站

◆邵燕祥

> 世界名城的特色在于它们的灵魂,"战争之城"斯大林格勒也有自己的灵魂,这灵魂便是"自由"。

巴黎每个地铁站里,都用特大字在墙上写着站名。我头一次乘5号线,一进站就念出:STALINGRAD,这不是"斯大林格勒"吗?

斯大林格勒:久违了。1956年苏共二十大揭露斯大林问题后,不记得在哪一年,就把伏尔加河畔这座名城改称伏尔加格勒了。在那同时,什么斯大林诺、斯大林纳巴德等等都改了新名或恢复原名,塔吉克斯坦首府就从斯大林纳巴德改回"杜尚别"——在当地语言里叫了多少年的:三棵树。

这个巴黎地铁站,不知是什么时候以斯大林格勒命名的。我想当是在二战之后。

二战中,从1942年冬天到1943年初,在伏尔加河西岸冰天雪地里,惨烈的斯大林格勒战役,肯定是希特勒的德国军队当时遭到的最大的一次失败。整个10月份,前苏联人在巷战中利用断壁残垣,顽强防守,捍卫每一寸焦土废墟。直到转过年来,在前苏联5000门大炮的狂轰猛炸下,双方在城内瓦砾成堆、遍地冰冻的废墟上,展开最后肉搏式的争夺。一时全世界的目光都注视着斯大林格勒。正是在这里,不但粉碎了希特勒控制伏尔加河、掠夺高加索石油的美梦,而且就此挡住了他们东进的脚步。

构成这次战役结局的,有希特勒狂妄、愚蠢和偏执造成的多次失策,更有前苏联150万大军和斯大林格勒成百万居民的英勇战斗和牺牲。

15年后,我从前苏联带回一块斯大林格勒的弹片,久埋在浸血的泥土里已经生锈,不能辨认炮弹原来属于哪方了。当时写过几句感想:

> 斯大林格勒的日日夜夜,多少泪,多少汗,多少鲜血!多少次忍痛生离死别,多少人悲壮地告别世界。欢乐的回忆,纯真的愿望,幼稚的过错,懊悔和原谅……对多少人这一切都不复存在,都已经在浴血的土地上埋葬。即使你今天还很年轻,即使你没有经历过战争,这一块斯大林格勒生锈的弹片不能不使你想起很多事情。

斯大林格勒战役时我已经 10 岁,生活在日本占领军统治下,那时候沦陷区报纸按照日文里汉字译法,把那血战中的城市称做"史达林格勒"。我从片言只语想像着那里的巷战,为争夺每一幢房屋的生死角逐,直到我无法想像下去。

生活在纳粹占领下的巴黎人,从成年人到孩子,一定也像我一样,对几千里外那座激战中的城市不再感到陌生了。

我想可能正是这个缘故,在巴黎解放以后,在反法西斯战争胜利以后,大约就在把凯旋门周围命名为戴高乐广场的同时或稍后,分别给地铁做了罗斯福站、斯大林格勒站这样一些命名,多半是为了保存一段关于二战的记忆。作为历史的纪念,没有像对罗斯福那样用另一"巨头"斯大林之名,单取了欧战东方转折点的斯大林格勒之名,不能不说表现了法国人的睿智和分寸感。

我读到的写斯大林格勒战役的文学作品,不如写列宁格勒保卫战的多。最早是前苏联随军记者、诗人、作家西蒙诺夫的《日日夜夜》,前苏联外评议局出版的中文译本。透过巴沙罗夫少尉和护士安孃的战场爱情,我们多少体验了硝烟火网短兵相接的斯大林格勒的气氛。

另一部通过斯大林格勒战役的 99 个昼夜,表现了人们争取自由、反抗奴役意志的长篇小说,是前苏联作家格罗斯曼战后写的《生存与命运》,在作者生前被禁,1988 年才在前苏联国内出版,我看到的是上个世纪 90 年代中国友谊出版公司的中译本。

书中写到了 1943 年 1、2 月间,斯大林格勒战役结束时下了一场大雪。那雪"覆盖了如网般纵横交错的战时的道路,覆盖了硝烟和污泥……积雪下沉睡着强者和弱者、勇士和懦夫、幸福的人和不幸的人。这不是雪,而是时间本身:洁白而又柔软的时间一层层地沉积在鏖战的城市的废墟之上。现在一切正在变为过去,在这场缓缓飞舞的大雪中看不见未来"。

永远过去了的过去,有什么永恒的东西留给未来?我们今天生活着的世界和岁月,不就是 60 年前生者和死者的未来吗?

巴黎地铁的斯大林格勒站,有三条线路在此交叉,我每次经过这里,都要想起世界历史上那一重大的战役。

格罗斯曼在《生存与命运》中写道:"世界名城的特色在于它们的灵魂,'战争之城'斯大林格勒也有自己的灵魂,这灵魂便是'自由'。"也许正是这城市在战火中锤炼的自由的灵魂,让爱自由的法国人长久地铭记着它吧。

斯大林来了又去了。斯大林格勒在与专制迷信决裂的日子里,摆脱掉加在它身上几十年的名字,但也没恢复"察里津"的旧名,而是以它依傍伏尔加河的地理位置,谦逊又自豪地以伏尔加格勒命名了。

巴黎地铁的斯大林格勒站，本来的命名就与斯大林其人无关，自也无须跟风改动。巴黎的地铁站，地面上的大街小巷，不少是以历史人物或历史事件命名，让人恍若穿行在历史中。

历史，像地铁列车那样一节节地渐行渐远，但不断远去的历史，有时又仿佛离我们很近。

心灵体验

正如作者所说："历史，像地铁列车那样一节节地渐行渐远，但不断远去的历史，有时又仿佛离我们很近。"一个斯大林格勒站，一下子缩短了我们与历史的距离，将我们拉到了斯大林格勒保卫战时期，与历史作一次亲近。

放飞思维

1. 保留"斯大林格勒"这个地铁站名，表现出法国人的一种什么文化精神？

2. 假如斯大林格勒是一个人，在经历了这么多的风风雨雨之后，它会向人们说些什么呢？

走进周庄

◆金喜英

泱泱华夏960万平方公里的历史变迁，亘古五千年文化，周庄已得其精髓，因而才如此地让人接受。

我去了周庄，临走时多带了几分惆怅，将我的思绪摇曳得如此魂牵梦绕、情有独钟，比我耳目所及的更多。不仅为它小桥流水人家的布局而迷恋，更为它浓稠的人文底蕴与悠久的历史积淀而缠绵。

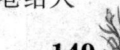

一

周庄的建筑与北京的不同，即使是寺庙也是人间烟火。北京的住宅里巷给人

以庄严肃穆之感,四合院是有等级的,是家长制的。周庄的居民却是平易近人的,老镇里尽是近乎明清市井小说描绘的那种板壁小楼。走在周庄幽长的小巷里或随便站在哪一间屋檐底下,完全是轻松的,没有权力,也没有压力,那么的亲切自然。

周庄的居民让人领略小的妙处。张厅,沈厅,沿着狭长的楼梯拾级而上,时而左转,时而右拐,针眼里面有洞天,竟也会迷失方向。迷楼,道院,则给人以另一种感觉,狭窄而又拥挤,仿佛世界已凝成四方的一间。

全福寺恰如一枝红杏出墙来,"水中佛国"的它,圈下泱泱然一片空旷,坦荡而直接,古刹、古桥、古柳,绝对的坦言相告而没有暗示提醒。

二

走在贞丰镇上的周庄人有着深邃睿智的表情,连他们的背影也有一种从容追忆的神色。900年的历史,已沉寂在周庄人的心里。桥下的流水往事如烟地静淌着。也许听够了太多青梅竹马的童谣,他们如珠的笑语中竟也蕴含着源远流长的韵味。

周庄与绍兴不同。周庄有的是才气,绍兴则多的是豪情霸气。千年之前,勾践仰天长啸;卧薪尝胆,三千越甲可吞吴。千年之后,绍兴又多了个走遍天下寻找《水浒》角色气魄的鲁迅。而周庄人依然是这样的朴实,自古的铮铮硬气被这几座古桥与几湾浅水蜕得柔媚万分。周庄有的是那种蒙娜丽莎式的千古一笑,绝美。即使是才高八斗的柳亚子、陈去病也早将自己的一身硬气淡化,融入周庄的细腻中去。

于是,周庄人都有了些诗人的气质,他们清脆的口音与如珠的妙语经过数代的锤炼,每一句话的背后几乎都有一个典故,他们与世无争地过着悠闲的日子,把祖先的才气发挥得淋漓尽致。

三

有时更觉得,周庄像一尾柳条般飘拂的大辫子,在风中擦响了历史盘根错节的痛。

周庄与上海不同。上海在几十年的殖民期中速成了它的历史,随处的霓虹灯与泊来货,使上海难得再闻到乡土的气息。周庄呢?在朝来夕去的斜阳下已度过900个岁月,斑驳的灰壁,参天的残木,随处的古迹,周庄活得沉重而又必要。它埋藏着的许多辉煌与惊心动魄,如今已沉寂成巷口的一棵古树或老人残阳生命里的一段心曲。

周庄的水则是注定与历史气脉相连的。驳岸、拱桥、水巷,谁见了都会融进柳

永"杨柳岸晓风残月"的江南小调中去。刘禹锡"优游而揽胜"地来到周庄,周庄的眉宇间从此又多了点儿才气。几百年后的明初,沈万三载着满船货物来了,周庄便开始了它最繁华的10年。几百年后柳亚子生活的周庄或许更热情了些,一个南社,使才情满怀的周庄人英雄有了用武之地。历史的车轮滑到现代,那位从撒哈拉倦游归来的三毛,面对着千年的庙堂,几百年的沧桑,不禁轻舒口气。人道、人性、人格、人文,他们的精神气,都融入了纷纷诸事的回忆中。

走进周庄,感触几许,耳目所及的其实并非只是板壁小楼,啼鸳燕语,几段发黄的历史。泱泱华夏960万平方公里的历史变迁,亘古五千年文化,周庄已得其精髓,因而才如此地让人接受。

心灵体验

本文从三个方面将周庄分别与北京、绍兴和上海相对比,从而来体现周庄的别具一格以及作者对它的独特情感。作者优美而富有感情色彩的语言,给读者以美的、清新的感受,值得欣赏。

放飞思维

1. 为什么说"周庄活得沉重而又必要"?
2. 本文表达了作者怎样的情感体验?
3. 下边是杜荀鹤的《送人游吴》,用其中哪两句概括古镇周庄的特点最合适?

　　君到姑苏见,人家尽枕河。
　　古宫闲地少,水巷小桥多。
　　夜市卖菱藕,春船载绮罗。
　　遥知未眠月,乡思在渔歌。

黑海海底发现 7000 年前人类居住遗址

◆涂冰川

大约 7000 年前，今天的黑海从陆地淡水湖一下子奇迹般地变成了现在的咸海！这只有远古时代的大洪水才有这样的威力，把大面积的陆地淹没。

9 月 13 日，世界各地的主流媒体都在显著的位置上刊发了一条让人十分感兴趣的消息：美国探险家在黑海海底发现了能为《圣经》中所记载的数千年前致使人类遭受灭顶之灾的"诺亚洪水"提供重要佐证的史前建筑，从而不但可能证明远古时代地球曾经发生过特大洪水，而且还可能改写中东甚至全世界的人类历史。

黑海海底有一座倒塌的建筑

当水下遥控照相机的镜头锁定黑海海底一个古河谷的时候，考察船上所有美国国家地理协会的考古学家和研究人员都惊呆了：海底有人类居住的遗迹，具体说是一座建筑，一座倒塌的建筑！"这不可能！"有人惊叫了起来，因为这片黑海海底的历史至少有数千年。更惊人的还在后头哩，随着镜头进一步锁定目标，考古学家一眼就识别出这座建筑具有 7000 年前石器时代土耳其内陆地区远古人类建筑的明显特征！考察小组的首席研究员、美国国家地理协会会员波拉德当场就肯定地说："绝对是远古人类建的！"更重要的证据是：这幢建筑的周围居然还散落着几件相当精美的石木器———一把石凿子、两把中间钻有孔洞的石斧、一根木质横梁和一段加工过的木棒。这些惊人文物之所以能保持得如此完整，是得益于这里的水深和无氧的水下环境。

这片神奇的人类居住遗址位于距离土耳其海岸 24 公里的海域内，水深 95 米左右的一条古河谷里，面积在 90 平方米左右。

谈起如何发现这一海底人类居住遗址时，波拉德说，1999 年他和同事在距离海岸线数公里外的 168 米深的黑海海底发现了两种截然不同的贝类，其中一种显然是淡水贝类，而第二种则是咸水贝类。经过科学检测，咸水贝类生活的时代最早也就距今 6500 年，而淡水贝类至少距今 7000 年，甚至更久远。这证明，今天的黑海在7000年前曾经是陆地！

这一惊人的发现使波拉德和同事的大脑里不约而同地闪过一个相同的念头："大约7000年前，今天的黑海从陆地淡水湖一下子奇迹般地变成了现在的咸海！这只有远古时代的大洪水才有这样的威力，把大面积的陆地淹没。"

被"诺亚洪水"淹没的人类家园？

在中东不同国家的文明史上都有惊人相似的远古大洪水神话传说，其中以《圣经》里的《诺亚方舟》的故事最为经典。

有意思的是，美国哥伦比亚大学著名的学者威廉姆·雷恩教授和沃尔特·彼得曼教授经过多年的苦心研究，于1997年出版了一本名为《诺亚大洪水》的书。在这本书中，这两位专门研究地球远古时代特大洪水的权威根据中东各国详实的古文化史料提出一个十分大胆的说法：大约在7000年至12000年前，逐渐走出冰纪的欧洲大陆大大小小的冰川开始融化，滔天的洪水使地中海水位暴涨，淹没了欧亚两大洲交界处的中东地区，最终冲垮了陆地海岸，形成了今天的博斯普鲁斯海峡。滔天的海水直冲当时还是淡水湖的黑海，水势以每天15厘米的速度狂涨，由于地中海是包含盐分的海水，从而使淡水湖里的所有淡水生物全部死亡，并且沉入海底，这一地区的远古人类和动植物面临着一场灭顶之灾。洪水退后，劫后余生的远古人类因为还没有发明文字，所以只能通过子子孙孙代代相传。然而这场大洪水却给中东地区留下了一个巨大的物证，那就是将一个小小的淡水湖化为今天的黑海！

众专家学者纷纷加盟搜寻"诺亚洪水"遗迹

正是这些远古的传说和学者们的研究坚定了波拉德在黑海海底搜寻"诺亚洪水"遗迹的信心。只要波拉德下定决心，几乎所有知道他大名的人都相信他一定会成功。如果光说波拉德的美国著名学者、探险家和美国国家地理协会会员的身份还不足以让人们耳熟能详的话，那么如果提起他1985年发现"泰坦尼克"号轮船残骸，接着又找到二战期间被击沉的德国著名战舰"俾斯麦"号残骸，以及在中途岛海战中被日军击沉的美国"约克城"号航母残骸的话，相信就再也没有人对其在美国的知名度质疑了。所以，当波拉德下决心在黑海海底寻找"诺亚洪水"遗迹时，不但没有人嘲笑他的决定，美国国家地理协会、美国海军海上研究办公室、国家海洋与气象管理局和卡普兰基金会还纷纷解囊相助，伍德霍尔海洋研究所、宾夕法尼亚大学考古博物馆和海洋考古研究所的专家学者纷纷加盟。

波拉德在接受记者采访时表示："现场发现的诸多人工制品都保存得相当完整，比如说手工制作的木质横梁、人类加工过的木棒和相当精美的石器等。我们当场就意识到这些发现的重要意义,我们打算尽我们所能来揭开这些海底史前人类古文物的种种谜底。"他十分肯定地表示:"我们现在就敢肯定的一点是:汪洋一片的黑海曾经是远古人类活动的土地。我们现在面对的难题是:他们是谁?他们生活的空间有多大……我们相信随着研究的深入,我们会在这个古河谷地区有越来越惊人的发现的!"

心灵体验

"诺亚洪水"并不只是《圣经》中的一个故事,黑海海底那座远古人类居住的遗址证明了它的真实性。面对这一切,脑海中不自觉地蹦出这样几个字:沧海桑田。是啊,沧海桑田!

放飞思维

1. 从上下文看,美国探险家的发现具有什么意义?

2. "黑海海底有一座倒塌的建筑"这一节共7段,每一段各说明一个什么意思?试简要概括。

3. 文章最后一节的开头说:"正是这些远古传说和学者们的研究坚定了波拉德在黑海海底搜寻'诺亚洪水'遗迹的信心。"其实从全文来看,波拉德所以这样有信心,主要是源于什么?

154